韓國의 漢詩 38

# 高麗時代 僧侶 漢詩選

한국의 한시 38

# 고려시대 승려 한시선

허경진 옮김

평민사

머리말

우리 나라에 불교가 들어온 것은 삼국시대였지만, 그 시대 승려들이 지은 시들은 많지가 않다. 문집이 따로 전하는 것도 아니어서, 불경이나 역사책에 끼어 전하는 것이 대부분이다. 그래서 신라시대 승려들이 지은 시를 따로 묶지 못하고,《고려시대 승려 한시선》에 같이 묶게 되었다.

고려시대 승려들의 글은 어록(語錄)이라는 형태로 많이 전해온다. 불립문자(不立文字)라고 했으니 일부러 시를 지은 것은 아니겠지만, 짧은 글 속에 함축된 뜻이 깊어, 결국은 시 아닌 시가 된 셈이다. 문집이 따로 전하지 않는 경우에는 그 어록에 실린 글들 가운데 시의 형태로 지어진 것들을 골라 뽑아서 번역하였다. 그래서 제목이 없는 시들이 많은데, '원시제목 찾아보기'에서는 편의상 그 시의 첫 구절을 제목 대신으로 밝혔다.

고려시대는 불교사회여서 과거에 급제하여 벼슬하다가 불문에 귀의한 승려들도 많고, 대각국사처럼 왕자의 신분으로 출가한 승려도 있었다. 불교와 사회의 관계라든가 사대부들과의 관계가 조선시대와는 달랐다. 불교가 그만큼 사회와 가까이 있었던 셈이다. 그래서 조선시대의 스님들과는 다른 분위기에서 시를 지었으며, 이 책을 엮으면서 선시가 아닌 시들도 많이 골랐다.

고려시대 승려 가운데 문학적으로 주목을 받는 분은 혜심과 일연이다. 혜심은 가전체소설 〈죽존자전(竹尊者傳)〉과 〈빙도자전

(氷道者傳)》을 지었고, 일연은 《삼국유사》를 지었다. 일연은 옛 기록들을 모아서 《삼국유사》를 지었을 뿐만 아니라, 중요한 인물이나 사건을 이야기할 때마다 그 끝에다 찬시(讚詩)를 지어 마무리하였다. 48수의 찬시를 비롯한 일연의 시들은 뒷날 따로 한 권의 책으로 묶으려 한다.

  이 작업은 동국대학교 출판부에서 간행한 《한국불교전서》덕분에 쉽게 진행되었다. 이 전서가 없었더라면, 그 많은 문집들을 찾아보기에 훨씬 많은 시간이 필요했을 것이다. 또 이종찬 교수가 회갑을 기념하며 지은 《한국불가시문학사론(韓國佛家詩文學史論)》을 보며 고려시대 불가문학의 분위기를 익히기도 하였다. 그러나 승려들이 깊은 불심에서 지은 시와 어록들을 제대로 읽어내기가 여간 어렵지 않았다. 입력을 끝낸 뒤에 마음에 들지 않아서 제외한 시들도 적지 않았으며, 출판사에서 편집과 교정을 마치고 페이지가 다 정해진 뒤에도 인쇄 직전에 한 글자가 끝내 미심쩍어 삭제한 시들도 여러 편이나 되었다. 이번에 제외한 시들을 뒷날 다시 읽고서 새롭게 번역하여 개정판을 내려고 한다.

  1997년 겨울
  허경진

## 차례

• 머리말 _ 5

---

### 신라시대 승려 한시선

• 〈금강삼매경론〉을 다 짓고 나서 - 원효 _ 17
• 미타증성게 - 원효 _ 18
• 어머니의 장례를 치르면서 - 사복 _ 19
• 사리찬 - 자장 _ 21
• 세속으로 돌아오며 - 설요 _ 22
• 남천축국 나그네 길에서 - 혜초 _ 23
• 동자를 산 아래로 내려보내며 - 김지장 _ 24

---

### 대각국사 의천

• 비 속에 말을 타고 가면서 _ 27
• 칠장사에서 혜소국사의 사진에 예배하다 _ 28
• 우연히 써서 스스로 깨닫다 _ 29
• 우연히 짓다 _ 30
• 〈남산율초〉를 강의하다가 우연히 한 절구를 짓다 _ 31
• 총명원 _ 32
• 삼각산 영취사에서 지어 남기다 _ 33
• 속리사로 돌아가는 도생 승통을 보내며 _ 34
• 봉선사로 돌아가는 문인 낙진대사를 보내며 _ 35

- 학도대사 도린의 문류 편찬의 일을 사양하는 계문을 보고
  송을 지어 권장하다 _ 36
- 현거사에게 _ 37
- 산문에 찾아온 원연대사에게 _ 38
- 숨어 사는 사람의 산 속 집에 부치다 _ 39
- 우연히 일절을 읊어 담대사에게 부치다 _ 40
- 해인사에 물러나 있으면서 짓다 _ 41
- 해동교적을 읽고 _ 43
- 가야산 천성사에 묵으면서 _ 44
- 대궐로 가는 길에 예전 있던 절에 써준 시 _ 45

진각국사(眞覺國師) 혜심(慧諶)
진각국사어록

- 맑은 거울 _ 49
- 국사가 돌아가신 날 _ 50
- 결제에 들어 _ 51
- 망령을 위하여 _ 52
- 설날 아침 _ 53
- 화정선자의 말을 생각한 끝에 _ 54
- 동도유수의 청으로 영묘사에서 _ 55
- 오어사에 가서 _ 57
- 마음과 짝하지 말라 _ 58
- 안동 통판의 관아에서 _ 59
- 관음사 반송 아래서 대구군수의 청으로 _ 60
- 중사 손원예가 적병을 진압해 달라고 청하다 _ 61
- 본래부터 한계가 없는데 _ 62
- 백운암에 가서 청을 받고 대중에게 보이다 _ 63

- 부채 _ 64
- 비가 오자 대중에게 지어 보이다 _ 65
- 밤에 앉아서 대중들에게 계시하다 _ 66
- 선당에서 대중에게 보이다 _ 67
- 만연사의 경찬을 시작하는 날 대중에게 보이다 _ 68
- 희원도인에게 _ 69
- 각운스님에게 _ 70
- 열반게 _ 74

## 무의자시집

- 충시 _ 77
- 경루자 _ 79
- 식심게 _ 81
- 복성 가는 길에서 _ 82
- 혼자 분개한 노래 _ 83
- 천지를 대신하여 대답하다 _ 86
- 추석날 달을 구경하다 _ 87
- 묘고대 위에서 짓다 _ 88
- 사시유감 회문체 _ 89
- 산놀이 _ 92
- 그림자를 보고 _ 93
- 작은 연못 _ 94
- 봄날 연곡사에서 놀다가 불당의 늙은 스님에게 _ 95
- 인월대 _ 96
- 저물며 개다 _ 97
- 전물암에 머물면서 _ 98
- 최전이 법을 구하기에 이 글을 써서 보내다 _ 99

- 목련 _ 100
- 비 온 뒤 _ 101
- 물가에서 _ 102
- 죽존자 _ 103
- 대인명 _ 104
- 식영암명 _ 106

## 원감국사 충지

- 그윽한 곳에 살다 _ 109
- 산에서 놀다가 돌아오는 길에 삼랑루를 지나면서 배 안에서 짓다 _ 110
- 한가한 가운데 스스로 기뻐하다 _ 111
- 정혜사에 들어가 게송을 짓다 _ 112
- 고사리를 캐고 돌아와 _ 113
- 한가한 가운데 우연히 짓다 _ 114
- 안렴사에게 _ 116
- 시랑 김원에게 _ 117
- 새로 평양태수가 된 아우에게 _ 118
- 한가한 가운데 우연히 짓다 _ 119
- 삼월 이십사일 천호산 개태사에서 자다 _ 120
- 절구 _ 121
- 한가한 가운데 우연히 짓다 _ 122
- 영남 백성들이 고생하는 모습 _ 124
- 중양절에 국화를 보고 느끼다 _ 128
- 계미년 사월 초하룻날 비가 내리자 농사를 걱정하며 짓다 _ 131
- 우연히 짓다 _ 134
- 암자 주인에게 _ 135

- 영소가 찾아와 감사하다 _ 136
- 한가롭게 지내며 여러 가지를 짓다 _ 137
- 산에 살면서 _ 138
- 자서 _ 139
- 산 속에 찾아왔다가 자지도 않고 돌아간 옛친구에게 _ 140
- 가는 봄을 아쉬워하다 _ 142
- 평양에 새로 온 군수에게 _ 144
- 임종게 _ 145

## 진정국사 천책

- 중서사인 김녹연에게 답하다 _ 149
- 동문원 평사 정홍이 백련사에 들어오며 부친 시에 답하다 _ 151
- 낭주태수 김서가 부쳐준 시에 답하다 _ 152
- 지제고 임계일에게 _ 153

## 백운화상 경한

- 천호암에서 석옥화상에게 _ 157
- 지공화상께 _ 158
- 또 십이 송을 지어 지공화상에게 바치다 _ 159
- 임금님의 부름을 사양하면서 _ 163
- 을사년 팔월 어느날 신광사 주지직을 사양하면서 _ 164
- 지공화상의 초상화를 예찬하다 _ 166
- 산에 머물며 _ 167
- 백운이라는 호에 감사하다 _ 173
- 금강산에 들어간 나옹화상에게 _ 174

- 낙가산으로 사람을 보내면서 _ 175
- 죽은 사람을 슬퍼하다 _ 177
- 임종게 _ 178

## 태고국사 보우

- 태조전에서 _ 183
- 태고암가 _ 184
- 구름과 산 _ 191
- 참선명 _ 194
- 단암 _ 197
- 은계 _ 198
- 구름과 산 _ 199
- 석계 _ 200
- 석가가 산에 머무는 상 _ 201
- 오도송 _ 202
- 조주의 얼굴 _ 203
- 임종게 _ 204

## 나옹화상 혜근

- 오도송 _ 207
- 눈 속에 핀 매화 _ 208
- 휴휴암에서 _ 209
- 지공화상이 입적한 날 _ 210
- 산에 살며 _ 211
- 모기 _ 213

- 환암 _ 214
- 외로운 배 _ 215
- 큰 원 _ 216
- 철문 _ 217
- 빈 암자 _ 218
- 스승을 뵈러 가는 환암장로를 보내며 _ 219
- 부모를 뵈러 고향으로 돌아가는 휴선자를 보내며 _ 220
- 인선자가 게송을 청하기에 _ 221
- 뇌선자가 게송을 청하기에 _ 222
- 혜선자가 게송을 청하기에 _ 223
- 보선자가 게송을 청하기에 _ 224
- 해를 마치고 은혜에 감사하다 _ 225
- 염불하는 여러 사람에게 _ 226
- 세상을 경계하다 _ 227

- 原詩題目 찾아보기 _ 228

# 신라시대 승려 한시선

# 〈금강삼매경론〉을 다 짓고 나서 – 원효

매우 깊고도 미묘한 〈금강삼매〉의 가르침을
이제 받들어 믿고서 대략 기술하였으니
바라건대 이 선근(善根)[1]이 법계에 두루 퍼져
일체 중생에게 빠짐없이 이롭게 하여지이다

甚深且微金剛敎、　　　今承仰信略記述。
願此善根遍法界、　　　普利一切無遺缺。

---

* 〈금강삼매경론〉 끝에 덧붙어 있는 게송인데, 그가 저술을 마치면서 서원을 세운 것이다.
1) 좋은 과보를 받을 좋은 인(因)이다.

# 미타증성게 – 원효

## 彌陀證性偈

오래전 옛날 어떤 세상에
법장이라는 뛰어난 사람이 있었네
처음으로 더 없는 보리심[1]을 내고
세속 떠나 도를 닦으며 여러 상(相)을 깨뜨렸네
한 마음에 두 가지 상이 없는 것을 알았지만
고해에 빠진 중생을 가엾게 여겨
마흔여덟 가지 커다란 서원을 세우고
정업을 갖추어 닦아서 모든 재앙을 떠나게 했네

乃往過去久遠世、　　有一高士號法藏。
初發無上菩提心、　　出俗入道破諸相。
雖知一心無二相、　　而愍群生沒苦海。
起六八大超誓願、　　具修淨行離諸穢。

---

\* (이 시는) 지눌(知訥)이 지은 법집별행록절요(法集別行錄節要)에 사기(私記)로 함께 들어 있다. - 《한국불교전서》 1권 〈미타증성게(彌陀證性偈)〉 주
\*\* 미타는 아미타불(阿彌陀佛)을 말하는데, 무량수불이라고도 한다. 옛적에 법장이라는 비구가 210억의 국토에서 훌륭한 나라를 택하여 이상국을 세우기로 서원하고, 또 48서원을 세워 자신과 중생이 함께 성불하기를 소원하였는데, 오랜 세월이 지나 성불하였다.
1) 위로는 부처의 자비를 구하고, 아래로는 중생을 제도하려는 마음이다.

# 어머니의 장례를 치르면서 – 사복

옛날 석가모니 부처께서
사라수 사이에서 열반하셨네
지금도 또한 그와 같은 이가 있어
연화장 세계[1]로 들어가려 하네

■
* 서울 만선북리에 한 과부가 살고 있었는데, 남편도 없이 임신했다. 아이를 낳고 보니, 12세가 되도록 말도 못하고 일어서지도 못했다. 그래서 이름을 사동(蛇童)이라고 불렀다. 어느날 그의 어머니가 죽었다. 그때 원효대사가 고선사에 머물고 있었는데, 원효가 그를 보고 맞이하며 예를 했다. 그러나 사복은 답례하지도 않고 말했다.
"그대와 내가 옛날에 경을 싣고 다니던 암소가 이제 죽었으니, 함께 가서 장사 지내는 것이 어떻겠는가?"
원효가 "좋다"고 하더니, 곧 그의 집으로 함께 갔다. 사복이 원효에게 포살수계(布薩授戒)를 하게 하자, 원효가 시체 앞에서 빌었다.
"나지 말지어다. 그 죽음이 괴롭도다.
죽지 말지어다. 그 태어남이 괴롭도다."
그러자 사복이 "그 말이 번거롭다"면서 이렇게 고쳤다.
"죽는 것도 나는 것도 다 괴롭도다."
둘이 상여를 메고 활리산 동쪽 기슭으로 갔다. 원효가 말했다.
"이 지혜 있는 호랑이를 지혜의 숲속에 장사 지내는 것이 좋지 않겠는가?"
그러자 사복이 곧 게를 지었다. (위의 시 : 줄임)
말을 마친 뒤에 띠줄기를 뽑아내자 그 아래에 한 세계가 열렸는데, 명랑하고도 청허했다. 칠보 난간에 누각이 장엄해서, 인간 세상이 아니었다.
사복이 (어머니의) 시체를 지고 함께 그곳으로 들어가자, 그 땅이 곧 서로 합해졌다. 원효는 (혼자) 돌아왔다. – 《삼국유사》 제5 의해(義解) 〈사복불언(蛇福不言)〉
1) 비로자나불이 있는 공덕무량·광대엄장의 세계를 말한다. 이 세계는 큰 연화(蓮華)로 되어 있고 그 가운데 일체의 나라와 일체의 만물이 모두 간직되어 있으므로 연화장 세계라고 한다.

往昔釋迦牟尼佛、　　娑羅樹間入涅槃。
于今亦有如彼者、　　欲入蓮華藏界寬。

## 사리찬 – 자장
## 舍利讚

삼계[1]의 전륜성왕[2] 만법의 임금이
학림에서 자취 감춘 지 몇천 년 되었나
오직 진신사리만 여기에 있어
중생들로 하여금 예배하게 하시네

三界輪王萬法主。　　　鶴林晦跡幾千秋。
唯有眞身舍利在、　　　普使群生禮不休。


∎
* 자장(慈藏)은 진골 소판 무림(茂林)의 아들인데, 이름은 선종(善宗)이었다. 오랫동안 아들이 없던 그의 아버지가 천수관음에게 기도해 아들을 얻었는데, 석가세존과 생일이 같았으므로 그렇게 이름지은 것이다. 부모가 세상을 떠나자, 그는 처자를 버리고 재산을 바쳐 원녕사를 세웠으며, 깊은 산 속에 들어가 고골관(枯骨觀)을 닦았다. 마침 재상 자리가 비게 되자, 문벌 때문에 그가 물망에 올랐다. 여러번 불러도 그가 나아가지 않자, 선덕여왕이 "취임하지 않으면 목을 베겠다"고 했다. 그러나 그는 "내가 차라리 하루 동안 계를 지키다가 죽을지언정, 계를 어기고 백 년 살기를 바라지 않는다"고 하였다. 636년에 문인 승실(僧實) 등 10여 명과 함께 당나라 청량산에 들어가 문수보살 소상 앞에서 기도하여 범게(梵偈)를 받고, 가사와 사리도 받았다. 뒤에 신라에 돌아와 통도사를 창건하고, 계단을 세워 가사와 사리를 모셨다. 남산율종(南山律宗)의 우리 나라 개조(開祖)가 되었으며, 《출관행법(出觀行法)》과 〈아미타경소〉 등의 저술이 전한다.
1) 생사 윤회가 쉴새없는 미계(迷界)의 총칭인데, 욕계(欲界)·색계(色界)·무색계(無色界)이다.
2) 전륜성왕(轉輪聖王)을 비행황제(飛行皇帝)라고도 하는데, 수미(須彌) 사주(四洲)의 세계를 통솔하는 대왕이다.

## 세속으로 돌아오며 – 설요

## 返俗謠

덧없는 불교의 세계를 화하여 맑고 곧은 삶을 생각하니
그곳은 너무나 쓸쓸해서 사람도 뵈지 않았어라
향기로운 풀 내음에 생각까지도 향그러워지지만
아아! 이 내 청춘은 이제 어찌 할꺼나?

化雲心兮思淑貞、　　　洞寂滅兮不見人。
瑤草芳兮思芬蒀、　　　將奈何兮靑春。

* 설요(薛瑤, ?~693)는 신라 장군 설승충(薛承冲)의 딸인데, 승충이 김인문을 따라 651년에 당나라에 들어갔다가 좌무위장군(左武衛將軍)이 되었다. 설요는 미인이었는데, 15세에 아버지가 세상을 떠나자 머리를 깎고 중이 되었다. 6년 동안 도를 닦다가 청춘이 속절없이 늙어가는 것을 아쉬워하며, 이 시를 짓고 속세로 돌아왔다. 이 시는 《전당시(全唐詩)》에 실려 있다.

## 남천축국 나그네 길에서 – 혜초

달밤에 고향길을 바라보니
뜬구름만 흘날리면서 돌아가네
구름 가는 길에 편지라도 부치려 하나
바람이 급해서 말조차 들리지 않아라
내 나라를 하늘 끝 북쪽에 두고
남의 나라 서쪽 모퉁이에 와서 있는 몸
남쪽 천축은 따뜻해 기러기도 오지 않으니
누가 고향 숲을 향해서 날아가려나

月夜瞻鄕路、　　浮雲颯颯歸。
緘書參去便、　　風急不聽廻。
我國天岸北、　　他邦地角西。
日南無有雁、　　誰爲向林飛。

∎
* 혜초(慧超, 704~787)는 16세 때 중국 광주에서 인도의 중 금강지(金剛智, 671~741)를 만나 도를 닦다가 723년경에 인도로 구도여행을 떠났다. 이 시는 그가 지은 〈왕오천축국전(往五天竺國傳)〉에 실려 있는데, 프랑스의 동양학자 펠리오가 1908년 3월에 감숙성 돈황석굴 천불동에서 발견했다.

## 동자를 산 아래로 내려보내며 – 김지장

送童子下山

절간이 적막해서 너는 집 생각만 하더니
승방에 작별하고 구화산을 내려가는구나
대난간에서 죽마 타는 법은 즐겨 물었어도
절에서 불법 구하는 것은 게을렀었지
시냇물을 병에 채우며 달 부르기도 그만이고
차 달이던 사발 속 꽃놀이도 그만두겠지
잘 가거라 눈물 자주 흘리지 말고
늙은 스님 벗이라면 안개와 노을이 있으니까

空門寂寞汝思家。　　禮別雲房下九華。
愛問竹欄騎竹馬、　　懶於金地聚金沙。
添瓶澗底休招月、　　烹茗甌中罷弄花。
好去不須頻下淚、　　老僧相伴有煙霞。

* 김지장(金地藏, 695~794)은 신라 왕자인데, 경덕왕 때에 당나라에 들어가 구화산에서 도를 닦았다. 지장보살의 화신이라고도 한다. 《전당시》에 이 시가 실려 있다.

# 대각국사(大覺國師) 의천(義天)

대각국사(1055-1101)의 이름은 후(煦)이고, 의천은 그의 자이다. 문종의 넷째 아들인데, 11세에 왕사(王師) 난원(爛圓)에게 중이 되어 영통사에 있다가, 15세에 우세(祐世)라 호하여 승통(僧統)이 되었다. 1085년에 미복으로 송나라에 가자, 철종이 계성사에 있게 하고 화엄법사 유성(有誠)을 상종케 하였는데, 현수·천태의 판교동이(判敎同異)와 양종의 오묘한 뜻을 문답하였다. (고려에서) 선종(宣宗)이 스님의 환국을 청하자 자변(慈辯)에게 천태종의 경론을 듣고, 1086년 본국에 돌아와 석전(釋典)과 경서 일천 권을 바쳤다. 홍왕사에 있으면서 교장도감(敎藏都監)을 두고 요나라·송나라·일본에서 경전을 수집하여 간행하였다. 1098년에 다섯째 왕자 증엄(證儼)을 도(度)하여 제자를 삼고, 1101년에 국사가 되어 천태종을 중흥하는 데 힘쓰다가 47세로 세상을 떠났다. 대각국사는 그의 시호이며, 《대각국사문집》과 《대각국사외집》, 그리고 《원종문류(圓宗文類)》·《석원사림(釋苑詞林)》·《신편제종교장(新編諸宗敎藏)》이 전한다. 시는 《대각국사문집》 권 17부터 실려 있다.

## 비 속에 말을 타고 가면서
雨中行次馬上口占

채찍을 휘두르며 수운향[1]을 가노라니
안개비 어둑해지며 길이 더욱 멀어지네
언덕에 아름다운 경치가 있어 좋기도 해라[2]
꽃잎이 물에 떨어지자 온 개울이 향그럽네

行行鞭拂水雲鄕。　　烟雨涳濛路更長。
多○○陵佳景在、　　落花紅泛一溪香。

■
1) 물이 흐르고 구름이 떠도는 곳, 속세를 떠나 맑고 깨끗한 곳을 가리킨다.
2) 원문에는 다(多)자 다음에 2자가 빠졌는데, 이본에서는 "식무(識武)인 듯 하다"고 추측했다. 그 경우에는 '무릉의 아름다운 경치'라는 뜻이 된다.

# 칠장사에서 혜소국사의 사진에 예배하다
## 柴長寺禮慧炤國師影

공문의 그 공업에 누가 감히 짝하랴
천 승[1]으로 옷자락 걷고 도풍을 맛보았네
일과 사람이 글렀다 해서 한탄할 게 있으랴
재상들이 기린 비석[2]이 무궁히 빛나리라

空門功業許誰同。　　千乘摳衣味道風。
事與人非何足歎、　　宰官碑贊耀無窮。

---

* 칠장사(七長寺)는 경기도 안성군 이죽면 칠장리 칠현산에 있는 절인데, 636년(선덕여왕 5년)에 자장율사가 창건하였다. 그뒤 고려 초기에 혜소국사가 현재의 비각(碑閣) 자리인 백련암에서 도를 닦을 때에 찾아왔던 7명의 악인을 교화하여, 7명 모두 도를 깨닫고 현인이 되었다. 그래서 산 이름을 칠현산이라고 하였다. 비각 내에 보존되어 있는 〈혜소국사비(慧炤國師碑)〉는 보물 제488호이다.
1) 승(乘)은 수레[戰車] 1대를 가리키는데, 천자는 만 승을 지녔고, 제후는 천 승을 지녔다. 수레 1대에 갑사(甲士) 3명과 보졸(步卒) 72명 등 75명의 군사가 필요했으므로, 군사 7만 5천을 동원할 수 있는 제후라야 천 승이 되는 셈이다. 혜소국사의 속명은 이정현(李鼎賢, 972-1054)이고, 어머니는 김씨이다. 아버지가 귀족 출신인 듯한데, 아버지 이름 부분의 비문이 마멸되어 그 신분이 확실치 않다.
2) 재상 김현(金顯)이 비문을 짓고, 민상제(閔賞濟)가 글씨를 썼다. 배가성(裵可成)과 이맹(李孟)이 글자를 새겨서 1060년(문종 14년)에 세웠다. 이 비문은 《조선금석총람(朝鮮金石總覽)》 상권에 실려 있다.

## 우연히 써서 스스로 깨닫다
### 偶書自省

평생 갈림길이 많아서 양을 잃었고[1]
말에 가지가 많다 보니 도까지 잃게 되네
오묘한 이치가 입신 지경에 이르러야 비로소 깨달으니
아득하구나 어떻게 해야 온갖 의심을 깨뜨리랴

亡羊只爲路多岐。　　喪道從來語有枝。
精義入神方領會、　　悠悠爭得析群疑。

---

1) 달아난 양을 찾아 나섰다가 갈림길이 많아서 마침내 잃어 버리고 탄식했는데, 학문의 갈래가 많아서 진리를 찾기가 어렵다는 뜻으로 썼다.

## 우연히 짓다
偶作

〈법화경〉이 본래 생사를 벗어나는 길인데
후배들이 구구하게 이에 힘쓰지 않네
남을 의지해 명성 구하는 것을 깊이 경계하셨건만
끝내 그 허물을 모르다니 가엾기도 해라

圓經本足出離緣。　　末學區區未勉旃。
依傍求名深有誡、　　可憐終日不知愆。

## 〈남산율초〉를 강의하다가 우연히 한 절구를 짓다

**講南山律鈔次偶成一絶**

밝지도 못한 데다 깊지도 못한 학식으로
내가 무엇이기에 예사로 강을 펴나
다만 거룩한 말씀이 떨쳐 피지 못하기에
우선 앞서 외쳐서 좋은 인연을 지으려 하네

識非明敏學非硏。　　予是何人輒講宣。
只爲靈言無振發、　　且圖先唱作良緣。

---

* '남산율'은 남산(南山)의 도선율사(道宣律師)이다. 우리 나라에서는 양산 통도사가 남산종이었다.

# 총명원
留題惚明院


깊숙한 총명원에 세상 티끌이 없어
첩첩이 쌓인 산과 내가 하나같이 깨끗하네
이 절에 있는 높은 스님은 눈썹이 반은 희었는데
세간의 정을 으레 잊고 사네

| | |
|---|---|
| 摠明深院無塵處、 | 重疊山川一樣淸。 |
| 中有高僧眉半雪、 | 尋常忘却世間情。 |

## 삼각산 영취사에서 지어 남기다
留題三角山靈鷲寺

영취사의 경치가 한가한 마음에 들어
이곳에 찾아오자 이름 감추고 살 생각을 했네
그러나 이 교의를 널리 펴고 지키기에 바쁘니[1]
여기 머물러 살며 한평생을 즐길 겨를이 없네

靈鷲泉石稱閑情。　　尋到方思隱姓名。
只爲敎義弘護急、　　未遑栖止樂平生。

---

1) 나는 교문(敎門)을 유통시키는 일과 널리 펴고 지키는 일을 내 소임으로 여기고 있었다. (원주)

## 속리사로 돌아가는 도생 승통을 보내며
送道生僧統歸俗離寺

말 세우고 해 지도록 정이 못내 아쉬워
갈림길에서 소매 잡고 슬픔이 끝없네
옛일 가운데 무슨 일이 마음에 가장 즐거웠던가
수정산 아래 흰 구름이 깊었었지

停驂竟日情無倦、　　摻袂臨岐恨莫任。
何事舊遊偏掛意、　　水精山下白雲深。

## 봉선사로 돌아가는 문인 낙진대사를 보내며
送門人樂眞大師歸奉先寺


남방의 강산을 다시 찾기 게을렀는데
옛집에 돌아가 숨으면 흰 구름이 깊었겠지
우리 도를 빛낼 사람으론 그대가 있으니
넘어지는 법을 붙들어 지킬 마음을 잊지 말게나


吳越江山懶重尋。　　舊栖歸隱白雲深。
光揚吾道知君在、　　莫忘扶顚護法心。

---

\* 낙진대사(1045-1114)의 자는 자정(子正)이고, 호는 오공통혜(悟空通慧)이다. 1056년에 비구계를 받고, 1063년 승과에 급제하여 대덕(大德)이 되었다. 그뒤 의천을 따라 송나라에 가서 정원(淨源)에게 불법을 배우고, 1086년에 귀국했다. 숙종 때 승통(僧統)이 되었으며, 의천이 속장경(續藏經)을 판각할 때에 교정을 맡아 보았다. 1114년에 왕사가 되었다가, 귀법사에서 입적하였다. 시호는 원경(元景)이며, 해인사에 〈원경왕사비〉(국보 제203호)가 있다.

## 학도대사 도린의 문류 편찬의 일을
## 사양하는 계문을 보고 송을 지어 권장하다
### 見學徒大師道隣謝文類啓以頌賀之

현수종[1]의 그 길을 아는 이가 드물어
한번 깊이 생각하고 한번 탄식했었지
몇 해 만에 처음으로 신편을 본 뒤에
향로와 불자[2]가 돌아갈 곳을 비로소 알았네

賢首宗道識者稀。　　一廻沈想一歔欷。
年來始見新篇後、　　爐拂方知有所歸。

---

■
1) 화엄종이 현수에 의해서 크게 이루어졌기 때문에, 화엄종을 현수종이라고 하였다.
2) 불자는 총채인데, 삼이나 짐승의 털을 묶어서 자루 끝에다 매달았다. 원래 인도에서 중이 모기나 파리를 쫓는 데 사용했지만, 뒤에는 선종의 중이 번뇌와 장애를 물리치는 표지로 썼다.

## 현거사에게

寄玄居士

풍랑 그친 바다가 삼라만상 비추듯
무수한 세계가 바로 큰 도량일세
나는 가르침을 전하기에 급하고
그대는 또한 참선하기에 바쁘네
참뜻을 얻으면 둘 다 아름답지만
정에 따르면 둘 다 잃게 되네
원융함에 어찌 취사(取捨)가 있으랴
법계가 바로 내 고향일세

海印森羅處、　　塵塵大道場。
我方傳敎急、　　君且坐禪忙。
得意應雙美、　　隨情卽兩傷。
圓融何取捨、　　法界最吾鄕。

## 산문에 찾아온 원연대사에게
### 謝圓演大師訪山門

사물을 접하려면 교문(敎門)을 찬양해야 하고
빛을 감추려면 선원(禪源)에 맛들여야지
진퇴 행장이 모두 도에서 나오니
산 속이다 속세다 하며 고요하고 시끄러움을 따지랴

接物唯應闡敎門、　　潛光多是味禪源。
行藏進退皆由道、　　山世誰言靜與喧。

---

* 〈사분율초(四分律抄)〉에, "산수와 인간 세상이 같지 않다"고 하였지만, 이제 대사는 작은 절조에 얽매이지 않고 법으로 마음을 삼았다. 혹은 산수에서 좌선하고, 혹은 인간 세상에서 행화(行化)하여 자타(自他)가 이(利)를 함께하고 있으니, 이는 고요함과 시끄러움을 같이 보자는 것이다. (원주)

## 숨어 사는 사람의 산 속 집에 부치다
寄逸人山齋

흰 것은 구름이고 푸른 것은 산인데
한 몸에 일이 없어 한가롭게 부쳐 사네
창 밖에서는 소나무에 깃든 학만이
나와 함께 세월을 잊고 한가롭게 사네

白是幽雲碧是山。　　一身無事寄淸閑。
唯應窓外栖松鶴、　　伴我同忘歲月間。

## 우연히 일절을 읊어 담대사에게 부치다
偶吟一絶寄湛大師

마명과 용수보살이 앞세상을 빛내고
무착과 천친스님[1]이 뒷자취를 이었네
후배들 말로는 종(宗)이 다르다고 하지만
근본으로 돌아가면 도가 같은 걸 어찌하랴

馬鳴龍樹光前世、　　無着天親繼後塵。
逐末雖云宗有異、　　歸元無奈道還均。

---

■
1) 마명·용수보살·무착·천친은 모두 인도의 대승불교를 정립한 스님들인데, 많은 저서를 남겼다.

# 해인사에 물러나 있으면서 짓다

海印寺退居有作 四首

2
뜻을 굽혀 여러 해 동안 서울에 붙어 살면서도
교문의 공업을 이루지 못해 부끄러워라
그 당시 행한 도는 헛된 수고일 뿐이니
어찌 산 속에 들어와 성정을 즐김만 하랴

屈辱多年寄帝京。　　敎門功業恥無成。
此時行道徒勞爾、　　爭似林泉樂性情。

3
일이 글러져 몇 번이나 탄식했던가
여러 해 동안 임금과 어버이 은혜를 갚을 길이 없었네
가여워라 젊은 시절이 엊그제 같건만
어느새 사십 년을 헛되이 보냈네

事去幾回興歎息、　　年來無計報君親。
可憐少壯心如昨、　　不覺銷磨四十春。

4
부귀영화는 모두 봄날의 꿈이고
모이고 흩어지는 것과 살고 죽는 것도 물거품일세
안양 세계에 노닐려는 마음 말고는
아무리 생각해도 추구할 일이 없네

榮華富貴皆春夢、　　聚散存亡盡水漚。
除却栖神安養外、　　筭來何事可追求。

# 해동교적을 읽고

### 讀海東敎迹

논과 경전을 풀이하여 큰 도를 밝혔으니
마명이나 용수라야 그 공적을 짝하리라
요즘 사람은 배우기에 게을러 아는 것이 없으니
마치 저 동쪽 집의 공구[1] 같구나

著論宗經闡大猷。　　馬龍功業是其儔。
如今憚學都無識、　　還似東家有孔丘。

---

\* 교적(敎迹)은 가르침의 자취이니, 원효대사의 〈해동소(海東疏)〉를 가리킨다.
1) 공자의 서쪽 이웃에 사는 사람이 공자가 성인인 것을 알지 못하고, 단지 "동쪽 집의 공구(孔丘)"라고만 불렀다. 원효 같은 큰 성인이 우리 나라 스님이나 학자들에게 제대로 평가받지 못하는 것을 빗댄 말이다.

## 가야산 천성사에 묵으면서
宿伽倻山天城寺

세상 길에는 위험이 많지만
이 산문만은 언제나 고요하네
원래 맑고 한가함을 좋아한 데다
하물며 말세를 만났음에랴

世路多危險、　　山門鎭寂寥。
從來愛淸散、　　況復値時澆。

# 대궐로 가는 길에 예전 있던 절에 써준 시
赴闕次留題故寺

대궐에서 부르는 명령도 어기기 어렵지만
동림[1]의 한가함을 저버린 것도 부끄러워라
흰 구름이 자꾸 변하며 일정치 않지만
예전에 살던 산을 종일 그리워했네

北闕猶難違召命、　　東林還恥負幽閑。
白雲舒卷雖無定、　　終日依依戀故山。

■
1) 강서현 구강현에 여산(廬山)이 있고, 그 안에 동림사가 있다. 그 밑에 호계(虎溪)가 흐르는데, 동림사에 있던 고승 혜원법사(慧遠法師)가 손님을 배웅할 때에 한 번도 호계를 지나지 않았다. 만약 호계를 지나면 범이 울부짖었다. 하루는 법사가 선비 도연명·도사 육수정과 함께 이야기하다가, 자기도 모르는 사이에 호계를 지났다. 범이 울부짖는 소리를 듣고서야 호계를 넘어선 줄 깨닫고, 세 사람이 크게 웃었다. 여러 화가와 문인들이 이 모습을 그려 〈호계삼소도(虎溪三笑圖)〉를 남겼다. 이 시에선 자신이 있던 절을 동림사에다 비유한 것이다.

# 진각국사(眞覺國師) 혜심(慧諶)

진각국사(1178-1234)의 자는 영을(永乙)이고, 호는 무의자(無衣子)이며, 혜심은 이름이다. 최완(崔琬)의 아들인데, 어려서 아버지가 죽자 출가하기를 청했다. 그러나 어머니가 허락하지 않고, 유학에 힘쓰라고 했다. 24세에 진사에 급제하고 태학에 들어갔지만, 어머니의 병을 보살피기 위해 고향으로 돌아가 시탕(侍湯)하다가 관불삼매(觀佛三昧)에 들어 어머니의 병이 나았다. 이듬해에 어머니가 죽자, 조계의 보조국사에게 중이 되었다. 그때 보조국사 지눌이 조계산에 수선사를 만들어 많은 사람들을 교화시키고 있었다. 지리산 금대암 연화대에서 좌선할 때에 눈이 내려 이마까지 묻혔지만, 움직이지 않았다. 아무리 흔들어도 대답하지 않더니, 마침내 깊은 뜻을 깨달았다. 1210년에 보조국사가 죽자, 왕명으로 법석을 이어받고 개당(開堂)하였다. 1219년 단속사에 있다가, 1234년에 월등사로 옮겨 죽었다. 시호는 진각국사이고, 탑호는 원소(圓炤)인데, 전라남도 승주군 송광사에 비석이 있다. 《선문염송(禪門拈頌)》30권 등의 저술이 전한다.

## 진각국사어록

《한국불교전서》에 실린 〈조계진각국사어록(曹溪眞覺國師語錄)〉의 저본은 고려대 소장본인데, 가정(嘉靖) 5년 병술(1526년) 간본이다. 원래 작품으로 지은 글이 아니므로 제목이 없는데, 편의상 게(偈) 앞에 실린 몇 글자를 밝혀서 제목에 대신한다. 순서는 어록에 실린 그대로이다.

## 맑은 거울

九月初二日、寶鏡圓眞國師門徒請上堂、師云。

오늘 아침에 오랜 비가 개어
탁 트인 허공이 끝이 없구나
누가 말했던가 보경<sup>1)</sup>이 티끌에 묻혔다고
영원한 그 광명이 항상 세상을 비추는데

今朝宿雨初晴、　　廓落太虛無際。
誰云寶鏡埋塵、　　自有常光照世。

---

∎
* 9월 2일에 보경(寶鏡) 원진국사(圓眞國師) 문도의 청으로 상당하여 이 시를 지었다.
1) 상당을 청한 보경(寶鏡)의 이름인 동시에, 지극히 보배스러운 거울을 가리키며, 달을 뜻하기도 한다.

# 국사가 돌아가신 날
## 國師圓寂日上堂云

봄 깊은 절간이 티끌도 없이 청정한데
조각조각 지는 꽃이 푸른 이끼에 점을 찍네
그 누가 말했던가 소림사[1] 소식이 끊어졌다고.
저녁 바람이 때때로 그윽한 향기[2]를 보내오네

春深院落淨無埃。　　片片殘花點綠苔。
誰道少林消息絶、　　晚風時送暗香來。

---

* 국사는 보조국사(普照國師)를 가리킨다. 원적(圓寂)이란 원만(圓滿) 구족(具足)한 적멸(寂滅), 곧 스님의 죽음을 말한다.
1) 중국 하남성 등봉현 서북쪽 소실산에 있는 절인데, 달마(達摩)가 9년 동안 면벽(面壁) 수도한 곳이다. 절 오른쪽에 면벽석(面壁石)이 있고, 서북쪽에 면벽암(面壁菴)이 있다.
2) 꽃향기인데, 달마대사로부터 전해 오는 선맥(禪脈)을 가리킨다.

## 결제에 들어
六月十二日上堂云、


봄과 여름이 갈리며 결제(結制)[1]에 들어
유월 되고도 벌써 열두 아침이 지났네
빠른 세월은 물처럼 흐르고
아득한 세상 일은 머리털처럼 흐트러졌네
깨달음의 꽃이 씨는 있지만 심는 이가 없고
마음의 불은 연기가 없는데도 날마다 타고 있네
염라대왕의 용광로에 이르면
무슨 면목으로 지짐을 면하랴

才方結制春夏交。　　六月俄臨十二朝。
忽忽時光流似水、　　悠悠世事亂如毛。
覺花有種無人植、　　心火無煙逐日燒。
及到閻王爐鞴所、　　將何面目免煎熬。


∎
* 6월 12일에 하안거에 들면서 한 법어이다.
1) 스님들이 4월 16일부터 7월 15일까지 한곳에 모여 외출하지 않고 수행하는 제도가 안거(安居)인데, 안거에 들어가는 것을 결제라고 한다.

## 망령을 위하여
爲亡靈上堂云、

죽고 태어나는 일이 다할 날 없으니
얼마나 오랫동안 오고갔던가
스스로 그 길을 그르치지 않으면
가는 그곳이 바로 열반이라네

死生無盡日、　　　來去幾多時。
自有不錯路、　　　行之卽涅槃。

# 설날 아침
正旦上堂云、

새해의 불법을 그대 위해 말하리라
대지의 풍류가 그 기운 호연하네
전생의 묵은 업장을 눈처럼 다 녹이고
신령스런 빛을 두루 비추며 해가 솟아오르네

新年佛法爲君宣。　　大地風流氣浩然。
宿障舊殃湯漢雪、　　神光遍照日昇天。

## 화정선자의 말을 생각한 끝에

上堂擧華亭船子、…良久云、

검은 산의 귀신굴이 몹시 어둡구나
부디 몸은 감추어도 자취는 없애지 말라
바른 눈으로 보면 바로 지옥 같으니
어찌 죽은 물에 참용이 살 수 있으랴

黑山鬼窟甚䵃䵍。　　切忌藏身永沒蹤。
正眼看來如地獄、　　那堪死水着眞龍。

∎
* 화정선자(華亭船子)가 "몸을 감추는 곳에 자취가 없다. 자취가 없는 곳에 몸을 감추지 말라"고 했는데, 진각국사가 이 말을 20년 동안 생각하다가 이 시를 읊었다.

# 동도유수의 청으로 영묘사에서
東都留守諸員請於靈廟寺

온갖 풀잎 끝에 조사들의 뜻이 분명하니
그 풀잎 끝에서 눈을 바로 뜨게나
소양[1]의 삼매를 구태여 물을 게 있으랴
가을바람에 몸을 드러내면 가을이 눈에 가득해지네
눈에 가득한 가을에서 모든 망상을 그치면
돈 삼만 관을 허리에 감고
학을 타고 양주로 날아가리라[2]

∎
* 동도는 경주이다. 영묘사는 경주시 성건동 남천(南川)가에 있었던 절인데, 선덕여왕 때에 두두리(頭頭里)라는 귀신 무리가 하룻밤 사이에 못을 메우고 이 절을 창건했다고 한다. 금당에 모셔져 있던 장륙삼존불(丈六三尊佛)과 천왕상·목탑을 비롯하여 기와와 편액까지도 모두 양지(良志)의 작품이다. 양지가 장륙존상을 만들 때에 경주 사람들이 다투어 모여들어 진흙을 나르면서 〈풍요(風謠)〉를 불렀다. 1460년(세조 6년)에 봉덕사 신종을 이 절로 옮겨 안치했다는 기록을 보면, 그뒤에 폐허가 된 듯하다. 현재 절터에는 당간지주가 남아 있고, '영묘사'라고 찍힌 기와가 발견되기도 하였다.
1) 운문선사(雲門禪師)가 소양에서 삼매에 대해 설법했다.
2) 양주는 중국의 번화한 고을이다. 옛날 몇 사람이 모여 각기 자기의 소원을 말하였는데, 한 사람은 "양주 자사가 되고 싶다" 하였고, 또 한 사람은 "재물을 많이 모으고 싶다" 하였으며, 다른 한 사람은 "학을 타고 하늘에 올라가고 싶다" 하였다. 그러자 또 다른 사람이 "십만 관의 돈을 허리에 두르고 학 위에 올라타 양주로 가고 싶다" 하였다.

祖意明明百草頭。　　草頭直下好開眸。
韶陽三昧何須問、　　體露金風滿目秋。
滿目秋了便休。
腰纏三萬貫、　　　　騎鶴上揚州。

## 오어사에 가서

至吾魚、上堂云、

모든 법은 뿌리가 없이는 스스로 나지를 않네
나지 않은 그 법을 밝히기만 한다면
환하게 도를 향해 원래 일이 없으니
어찌 일도 없는데 수고롭게 애쓰랴
억지로 애쓰고 다시 소리를 내니
진흙을 물에 섞으면서 부질없이 맑기를 구하네
분양은 그저 "망상 말라"고 하였으니[1)]
단지 그러기만 힘쓰고 길을 묻지는 말게

| | |
|---|---|
| 法法無根不自生。 | 不生之法若爲明。 |
| 明明向道元無事、 | 無事何勞强着精。 |
| 强着精更作聲、 | 和泥合水謾求淸。 |
| 汾陽只道莫妄想、 | 但辦肯心休問程。 |

---

∎
* 혜공(惠空)이 만년에 항사사(恒沙寺)로 옮겨가서 지냈다. 그때 원효대사가 여러 불경의 소(疏)를 짓고 있었는데, 늘 스님에게 나아가 의심스러운 부분을 물었으며, 서로 장난치기도 했다. 하루는 두 사람이 시냇물을 따라다니며 물고기와 새우를 잡아 먹다가, 바위 위에다 똥을 누었다. 혜공이 그것을 가리키면서, "네 똥은 내 고기다"하고 놀렸다. 그래서 그 절 이름을 오어사(吾魚寺)라고 했다. -《삼국유사》제5 의해(義解)〈이혜동진(二惠同塵)〉
1) 중국의 분양선사가 늘 "망상 말라"는 말만 하였다.

# 마음과 짝하지 말라

上堂云、

마음과 짝하지 말라
마음이 없으면 마음이 저절로 편안하리라
만약 마음과 짝했다간
걸핏하면 마음에 속으리라

莫與心爲伴。　　無心心自安。
若將心作伴、　　動卽被心謾。

## 안동 통판의 관아에서
安東通判衙、上堂云、


날마다 앞길을 생각하느라고
아침이면 주인과 헤어지네
가는 곳마다 산색이 다르고
곳곳마다 새 울음 소리가 새로워라

日日思前路、　　　朝朝別主人。
行行山色異、　　　處處鳥啼新。

옥전에 머물러 있지 않고
속세에서 자유롭게 노니네
번화한 거리든 초라한 뒷골목이든
닿는 대로 풍류를 팔러 다니네

玉殿留不住。　　　塵寰自在遊。
街頭井巷尾、　　　隨處賣風流。

## 관음사 반송 아래서 대구군수의 청으로

大丘郡守於觀音寺盤松下請、上堂云、… 聽取一頌、

태고의 몸뚱이가 홀로 굽어 서렸는데
잎사귀마다 소리마다 맑은 바람이 차가워라
옛스님들의 면목이 아직도 여기 있으니
"그대들 눈 씻고 보라" 하시네

太古身材獨屈蟠。　　淸風一葉一聲寒。
先師面目今猶在、　　爲報時人洗眼看。

* 혜심이 "어떻게 보아야 하나" 묻고는 한참 있다가, "그저 이렇게 보라"고 하였다.

## 중사 손원예가 적병을 진압해 달라고 청하다

中使孫元裔請鎭兵、上堂、… 師乃云、

금강보검과 금강활을 지녔으니
늠름한 이 위풍을 누가 감히 침범하랴
내가 이미 누워서 우주를 감당하니
어떤 악마와 외도인들 자취를 안 감추랴

金剛寶劒金剛弓。　　凜凜風威孰犯鋒。
我旣橫身當宇宙、　　有何魔外不藏蹤。

# 본래부터 한계가 없는데

上堂 … 師乃微笑云、


이 마음은 본래부터 한계가 없는데
어찌 요즘 사람들은 국한하려 하는가
게다가 구구히 음계(陰界)<sup>1)</sup>에까지 집착하니
하하 큰 웃음을 피하지 못하리라

此心本自離邊際、　　　爭奈時人局限何。
況著區區陰界裡、　　　看來不免笑呵呵。

---

■
1) 5음(陰)과 18계(界)인데, 감관(感官)과 대경(對境)이다.

# 백운암에 가서 청을 받고 대중에게 보이다
到白雲庵、請示衆、…作偈奉呈、


아이 부르는 소리가 담쟁이 안개 속에 울려 퍼지고
차 달이는 향기가 돌길 바람에 스쳐오네
백운산 밑의 길에 들어서자마자
이미 암자 안의 노스님을 뵈었네

呼兒響落松蘿霧、　　　煮茗香傳石徑風。
才入白雲山下路、　　　已參庵內老師翁。

■
* 을축년(1205년) 가을에 보조국사(지눌)가 억보산에 있었는데, 혜심이 선승 몇 사람과 함께 보조국사를 찾아가다가 그 산 밑에서 쉬었다. 암자와의 거리가 1,000여 걸음이나 떨어져 있었지만, 보조국사가 암자 안에서 시자(侍者) 부르는 소리가 멀리 들려왔다. 혜심이 그 소리를 듣고 게송을 지었는데, 대략 이러하다. (위의 게송) - 이규보 〈조계산 제2세 고 단속사 주지 수선사 주승 시 진각국사 비명(曹溪山第二世故斷俗寺主持修禪社主僧謚眞覺國師碑銘)〉,《동국이상국집》권35
  혜심이 전물암(轉物庵)에서 여름을 보내다가 백운암에 들려 지눌을 뵙고 지어 바친 게송인데, 뒷날 암자 대중들의 요청으로 보여 주었다.

## 부채

師翁呵呵大笑、因以扇子授之、我接得、便
以頌對曰、

전에는 스님의 손에 있더니[1)]
지금은 이 제자의 손에 있네
더워서 허덕일 때에 만나면
마음대로 시원한 바람을 일으키리라

昔在師翁手裡、　　今來弟子掌中。
若遇熱忙狂走、　　不妨打起清風。

■
1) 혜심이 지눌에게 위의 게송을 보이자, 지눌이 크게 웃고 나서 그에게 이
   부채를 주었다. 그러자 혜심이 부채를 받고서 이 게송을 바쳤는데, 도가
   전해졌음을 뜻하는 말이다.

## 비가 오자 대중에게 지어 보이다
因雨示衆

고마워라 천진의 부처님[1]이여
자비를 일으켜 크게 두루 적시네
온 허공 어디에도 빈 틈이 없으니
엎어진 그릇 안도 젖게 되겠지

多謝天眞佛、　　興慈大周洽。
亘空無處逃、　　覆器也須濕。

---

■
1) 천연적인 부처인데, 이 시에선 비를 가리킨다.

## 밤에 앉아서 대중들에게 계시하다
夜坐示衆


소나무는 바람을 읊어 살랑거리고
물은 바위에 떨어졌다가 잔잔해지네
게다가 새벽달까지 스러지는데
두견새 맑은 소리가 산을 부르네

吟風松瑟瑟、　　落石水潺潺。
況復殘月曉、　　子規淸叫山。

## 선당에서 대중에게 보이다
禪堂示衆

파란 눈동자[1]로 푸른 산을 대하니
티끌 한 점도 그 사이에 들지 못하네
청정함이 자연스레 뼈 속까지 사무치니
어찌 새삼스럽게 열반을 찾으랴

碧眼對靑山。　　塵不容其間。
自然淸到骨、　　何更覓泥洹。

---

1) 서역에서 온 호승(胡僧)의 눈인데, 스님의 눈을 가리킨다.

## 만연사의 경찬을 시작하는 날 대중에게 보이다

### 萬淵社慶讚起首日示衆

처음에 그 누가 이 터를 잡아
몇 번이나 일어났다가 헐고 흥했다가 쇠했던가
천만 년 아득히 지나온 일들을
문 앞의 늙은 소나무만이 알고 있겠지

草創何人占此基。　　幾回成壞幾興衰。
悠悠千萬年來事、　　惟有門前古檜知。

---

\* 만연사는 전라남도 화순군 화순읍 만연산 기슭에 있는데, 1208년에 만연(萬淵)이 창건하였다. 만연이 광주 무등산의 원효사에서 수도를 마치고 조계산 송광사로 돌아오는 길에, 지금의 만연사 나한전이 있는 골짜기에 이르러 잠시 쉬다가 잠이 들었다. 16나한이 석가모니불을 모실 역사를 하고 있는 꿈을 꾸고 주위를 둘러보니 눈이 내려 온 누리를 덮고 있었는데, 그가 누웠던 자리 주변만은 눈이 녹아서 김이 나고 있는 것을 보고 경이롭게 생각하여 토굴을 짓고 수도하다가 만연사를 창건하였다고 한다. 이 절 경내에 둘레가 3m에다 높이가 27m나 되고 수령이 770여 년이나 되는 전나무가 있는데, 진각국사가 만연사의 창건을 기념하기 위하여 심었다고 전한다.

## 희원도인에게
### 示希遠道人

나고 죽고 죽고 나는 일이 그치지 않아
몇 차례나 여섯 길[1]을 바퀴처럼 돌았던가
이 몸을 이승에서 제도[2]하지 못하면
다시 어느 생에서 이 몸을 구제하랴

生死死生無定止、　　幾廻六道轉如輪。
此身不向今生度、　　更待何生度此身。

---

∎
* 희원도인(希遠道人)에게 준 법어 끝에 실려 있는 시이다.
1) 중생이 선악의 업을 따라 윤회하는 여섯 세계, 즉 지옥·아귀(餓鬼)·축생(畜生)·수라(修羅)·인간·천상이다.
2) 중생을 인도하여, 번뇌를 떠나 해탈의 피안에 이르게 하는 일이다.

## 각운스님에게

示覺雲上人、…故古德云、

해탈하는 길을 알려면
근원과 대상이 서로 이르지 말아야 하네
눈과 귀가 보고 듣는 것을 끊어야 하건만
소리와 빛이 시끄럽기 그지없네

欲知解脫道。　　根境不相到。
眼耳絶見聞、　　聲色鬪浩浩。

산 아래 한 조각 한가로운 밭이 있어
공손히 손 모아 조상에게 물었네
몇 차례나 샀다가 다시 팔았느냐고
가련히 여긴 소나무 대나무가 맑은 바람을 들려주네

山前一片閑田地、　叉手丁寧問祖翁。
幾度賣來還自買、　爲憐松竹引淸風。

■
\* 이 첫 시는 각운스님에게 보내는 법어(法語) 속에 옛스님이 지은 시라고 소개되어 있다. 이 아래의 시들도 모두 이 법어 속에 실려 있다. 각운은 혜심의 제자인데, 혜심이 모은 《염송설화(拈頌說話)》 30권을 그가 지었다고 한다.

고개를 숙여도 땅을 보지 못하고
얼굴을 쳐들어도 하늘을 보지 못하네
흰 소[1]가 있는 곳을 알려고 하면
무덤에 있는 해골[2]만 보아도 되네

低頭不見地、　　　仰面不見天。
欲識白牛處、　　　但着髑髏前。

날마다 하는 일에 별것 없으니
오직 스스로 어울려야 하네
어느 일이건 취하거나 버리지 말고
어느 곳에서도 어긋나면 안 되네
붉은색이니 자주색이니 누가 말했던가
언덕과 산은 한 점 티끌도 끊어내네
신통이란 묘용(妙用)을 겸한 것이니
물 긷고 나무 나르는 데에도 진리가 있네

■
1) 〈법화경〉에서 말한 세 가지 수레 가운데 하나인데, 일승법(一乘法)을 비유한 말이다.
2) 해골은 세상과 육신의 모든 것을 떠난 상태이기 때문에 해탈의 경지에 비유한 것이다.

日用事無別、　　唯吾自偶諧。
頭頭非取捨、　　處處勿張乖。
朱紫誰爲號、　　丘山絶點埃。
神通兼妙用、　　運水及搬柴。

한 티끌이 정수(正受)에 들면
모든 티끌이 삼매(三昧)를 일으키네
남자가 정수에 들면
여자가 삼매를 일으키네

一塵入正受、　　諸塵三昧起。
男身入正受、　　女身三昧起。

터럭 하나에 신통한 변화가 나타나고
일체 만상이 부처와 같은 설법일세
비록 무량겁을 지나더라도
끝은 얻지 못하리라

一毛現神變、　　一切佛國說。
縱經無量劫、　　不得共邊際。

회주 땅의 소가 풀을 뜯는데
익주의 말이 배가 터지네[3]
천하에 이름난 의원을 찾았더니
돼지의 어깨에다 뜸질하네

懷州牛喫草、　　益州馬腹脹。
天下覓醫人、　　灸猪左膞上。

빈 손인데 호미자루를 잡았고
걸어가면서 무소를 탔네
사람이 다리 위를 지나가는데
다리가 흐르고 물은 흐르지 않네

空手把鋤頭。　　步行騎水牛。
人從橋上過、　　橋流水不流。

---

\* 어록은 시를 모은 것이 아니라, 말을 모은 기록이다. 그러나 시와는 형태가 다르지만, 함축된 가운데 무엇인가 전하려는 내용이 있기는 마찬가지이다. 이러한 이야기 가운데서 시에 가까운 표현들을 모았다.
3) 회주는 여러 곳이 있는데, 고려시대에는 요나라가 요녕성에 설치하였다. 그리고 익주는 지금의 사천성에 있으니, 회주와는 아주 먼 거리에 있다. 그러나 법신이 하나로 된 해탈자에게는 모든 것이 하나의 진여법계(眞如法界)이고, 동일 공간과 동일 시간에 놓이게 된다.

# 열반게

어떠한 고통도 이르지 못하는 곳에
따로 한 세상이 있네
묻노니 그곳은 어떤 곳인가
크게 고요한 열반의 문일세

衆苦不到處、　　別有一乾坤。
且問是何處、　　大寂涅槃門。

## 무의자시집(無衣子詩集)

(진각국사가 수선사에서 병 나자 1234년) 봄에 월등사로 옮겼다. 하루는 마곡(麻谷)이 그 방에 들어가자, 국사가 "이 늙은이가 오늘 몹시 괴롭다"고 하였다. 마곡이 "무엇 때문에 그렇습니까?" 하고 묻자, 국사가 게송으로 (이렇게) 답하였다. - 이규보 〈조계산 제2세 고 단속사 주지 수선사 주승 시 진각국사 비명(曹溪山第二世故斷俗寺主持修禪社主僧諡眞覺國師碑銘)〉, 《동국이상국집》권35
이 비석은 전라남도 강진군 월남산 월남사에 세워졌는데, 지금은 부서진 채로 전한다.

# 충시

## 次錦城慶司祿從一至十韻

사람
사람마다
업에 따라
몸을 받다
고락의 과보(果報)는
선악의 인연이니
간사함과 망령됨을 따르지 말고
항상 바르고 참되게 행하라
부귀는 쌀겨의 껍질이고
인의는 갑옷과 투구이니
오묘한 이치를 캐서 진리를 얻으면
저절로 골격이 바뀌고 정신도 맑아지네
육체는 불 바람 흙 물로 되지 않았고
마음도 생각 따라 변하는 티끌은 아닐세
쌓은 자취가 없는 탑에서 밤낮없이 등불이 빛나고
뿌리 없는 나무에서 항상 봄날의 꽃이 피네

---

∎
* 원제목이 길다. 〈금성 경사록의 시에 차운하여, 1운에서 10운까지 이르다〉

흰 달 속에서 바람이 가는 약은 누구 병에 쓸 약이며
구름에 싸인 청산은 언제 옛것이다가 언제 새로워졌나
한 길이 사방으로 통한 것이 성현의 발자취이니
온갖 수레가 같은 바퀴기에 예나 지금이나 똑같이 나아가네[1]

人。人。
隨業、受身。
苦樂果、善惡因。
不循邪妄、常行正眞。
粃糠兮富貴、甲胄兮義仁。
況須參玄得眞、自然換骨淸神。
體不是火風地水、心亦非緣慮垢塵。
沒縫塔中燈燃不夜、無根樹上花發恒春。
風磨白月兮誰病誰藥、雲合靑山也何舊何新。
一道通方爲聖賢之所履、千車共轍故占今而同進。

---

■
1) 《한국불교전서》에는 원문의 마지막 글자가 도(道)자로 되어 있지만, 이 종찬 교수가 전서의 저본인 구택대(駒澤大) 소장 필사본에 따라 진(進) 자로 고쳤다. 역시 그래야만 운에도 맞는다.

# 경루자
## 更漏子

가을바람 급하고 가을서리 괴로워지더니
세월은 볼수록 저물어 가네
뭇나뭇잎 지고 사방의 산이 노랗게 물들어도[1]
소나무와 대나무만은 홀로 푸르구나

    秋風急、          秋霜苦。
    歲月看看向暮。
    群木落、          四山黃。
    松筠獨蒼蒼。

인간 세상에 몇 살이나 살 수 있나
총총한 시간이 번개처럼 지나네
깊이 반성하고 자세히 생각하소
한바탕 꿈인걸 어찌하랴

---

\* 〈경루자〉라는 사조명(詞調名)만 있고, 제목은 따로 없는 사(詞)이다.
1) 《한국불교전서》에는 '황(黃)'자 뒤에 '엽(葉)'자가 붙어 있지만, 이 글자가 없어야만 운에 맞는다.

人間世、　　　能幾歲。
忽忽光陰電逝。
須猛省、　　　細思量。
無奈一夢場。

## 식심게
息心偈

바삐 가는 세월이 흐르는 물 같아
볼수록 늙은 빛이 머리 위에 오르네
내 가진 것이라곤 이 한 몸뿐이니
두어라 이 한 몸밖에 또 무엇을 구하랴

行年忽忽急如流。　　老色看看日上頭。
只此一身非我有、　　休休身外更何求。

## 복성 가는 길에서
福城道中

지루한 나그네 길이 긴 강 옆을 따르기에
흥이 나면 크게 읊어 속이 시원해지네
물에 뜬 낙엽은 채색 배를 띄운 듯
점점이 떠있는 마름은 흩어진 동전 같네
첩첩 산봉우리는 새파란 강에 잠겨 거꾸로 섰고
오리는 얕은 물에 노닐며 작은 고기를 엿보네
갑자기 쓸쓸한 가랑비가 지나더니만
말끔히 씻긴 가을비가 숲속에 찾아드네

漫漫客路傍長川、　　乘興高吟思豁然。
落葉泛流飄彩舫、　　浮萍點水撒靑錢。
山沈寒碧倒疊嶂、　　鴨戲淺淸窺小鮮。
忽有蕭蕭微雨過、　　洗新秋色入林泉。

# 혼자 분개한 노래

## 孤憤歌

사람이 천지 사이에 태어나
백 개 뼈마디와 아홉 구멍이 모두 같건만
가난하고 부하거나 귀하고 천하며
곱고 추한 것은 무슨 까닭인가
조물주는 본래 사정이 없다고 들었건만
이제는 그 말이 거짓인 것을 알겠네
범은 발톱이 있다고 날개를 안 주고
소는 뿔이 있다고 이빨을 안 주었는데
모기나 등에는 무슨 공이 있기에
날개도 주고 부리도 주었는가
학의 다리는 긴데 오리 다리는 짧고
새는 발이 둘인데 짐승 발은 넷이네
물고기는 물에서 잘살아도 뭍에서는 못사는데
수달은 뭍에서도 또 물에서도 잘사네
용과 뱀 거북과 학은 천 년을 사는데
하루살이는 아침에 났다가 저녁에 죽네
다같이 한세상에 태어났는데
어찌 천만 가지로 서로 다른가

∎
\* 아이 때에 지었다. (원주)

그렇게 된 까닭을 알 수 없으니
대체 누가 시켜서 그렇게 되었는가
위로는 저 하늘에 물어 보고
아래로는 땅에다 따져 봤지만
하늘도 땅도 아무런 말이 없으니
누구와 더불어 이 이치를 의논하랴
가슴속에 쌓인 이 외로운 울분이
세월이 흐를수록 뼛속을 녹이니
길고 긴 이 밤은 언제나 새려는지
자주 서창을 향해 울기를 마지않네

人生天地間、
或貧或富或貴賤、
曾聞造物本無私、
虎有爪兮不得翅、
蚊蝱有何功、
鶴脛長兮鳧脛短、
魚巧於水拙於陸、
龍蛇龜鶴壽千年、
俱生一世中、
不知然而然、
上以問於天、

百骸九竅都相似。
或姸或醜緣何事。
乃今知其虛語耳。
牛有角兮不得齒。
旣翅而又嘴。
鳥足二兮獸足四。
獺能於陸又能水。
蜉蝣朝生暮當死。
胡乃千般萬般異。
夫誰使之使。
下以難於地。

天地默不言、 　　與誰論此理。
胸中積憤、 　　　日長月長消骨髓。
長夜漫漫何時曉、　頻向書窓啼不已。

# 천지를 대신하여 대답하다
代天地答


천 가지 만 가지 차별된 일은
그 모두 망상에서 생긴 것일세
그렇게 분별하는 마음을 버리면
어떤 물건인들 평등하지 않으랴

萬別千差事、　　皆從妄想生。
若離此分別、　　何物不齊平。

## 추석날 달을 구경하다
中秋翫月


밝고 흰 저 구슬이 인간 세상에 있었으면
권세가들 다툼에 한가롭지 못했으리라
저 얼음 수레바퀴가 세상의 보물 되었으면
어찌 이 외진 산 속까지 비출 수 있었으랴

明珠白璧在人間、　　勢奪權爭不放閑。
若使氷輪爲世寶、　　豈容垂照到窮山。

## 묘고대 위에서 짓다
妙高臺上作

고개 구름은 한가로워 걷히지 않건만
시냇물은 왜 그리 바빠 달리나
소나무 아래에서 솔방울 따다가
달인 차 맛이 더욱 향그럽네

嶺雲閑不徹、　　澗水走何忙。
松下摘松子、　　烹茶茶愈香。

# 사시유감 회문체
## 四時有感回文

### 봄1
꽃이 지며 봄 저무는 것을 아파하고
새가 울며 날 저무는 것을 슬퍼하네
집안 소식이 그립고 좋지만
어떻게 빨리 달려가나

花落傷春暮、　　　鳥啼悲日斜。
家內好戀戀、　　　何奈走波波。

### 여름2
불타는 해가 이글거려
땀이 비오듯 주르르 흐르네
그래도 다시 티끌 연기 속을 달리며
스스로 끓는 가마솥을 즐겨 더듬나

■
* 회문체 시는 앞에서부터는 물론이고, 끝글자부터 거꾸로 읽어도 뜻이 통한다. 각 시를 끝에서부터 거꾸로 읽으면 다음과 같은 시가 된다.

1. 물결치듯 달린들 어찌하랴
   그립도록 내가(內家)를 좋아하네
   지는 해에 슬피 우는 새
   늦봄에 지기 싫어하는 꽃
   　　波波走奈何。　　戀戀好內家。
   　　斜日悲啼鳥、　　暮春傷落花。

火熾日爍爍、　　汗下雨漆漆。
可復走烟塵、　　甘自探湯鑊。

## 가을3
나뭇잎 시들어 가을 서글픈 날
매미도 다급하게 저녁 바람을 슬퍼하네
외로운 소나무에 학만 혼자 남았으니
영욕을 어찌 너와 함께하랴

木衰秋慘日、　　蟬窘夕悲風。
獨也孤松鶴、　　榮辱奚汝同。

■
2. 끓는 솥을 더듬으며 스스로 즐기네
　 티끌 세상 먼지 속을 달릴 수 있으랴
　 줄줄 비오듯 쏟아지는 땀
　 이글거리는 해는 불처럼 타네
　　鑊湯探自甘、　　塵烟走復可。
　　漆漆雨下汗、　　爍爍日熾火。
3. 너와 함께 어찌 영욕을 같이하랴
　 학과 소나무가 외롭게 홀로 있네
　 바람이 슬퍼 석양에 다급해진 매미
　 날이 싸늘해져 가을에 시든 나무
　　同汝奚辱榮、　　鶴松孤也獨。
　　風悲夕窘蟬、　　日慘秋衰木。

**겨울4**
지독한 추위가 싸늘히 뼈에 스미는데
밤이 깊도록 오똑히 앉았네
경계를 끊은 마음이 어떠하던가
눈 속의 달보다도 더 깨끗하네


澈寒淸入骨、　　更深坐兀兀。
絶界心如何、　　潔愈雪中月。




4. 달빛 속의 눈이 더욱 정결하니
　　어찌하면 마음의 경계마저 끊을 수 있으랴
　　오똑히 앉아서 깊어가는 밤
　　뼈에 스미는 추위가 깊이 사무치네
　　月中雪愈潔、　何如心界絶。
　　兀兀坐深更、　骨入淸寒澈。

# 산놀이
遊山

시냇가에 앉아서 내 발을 씻고
산을 바라보며 내 눈을 맑게 하네
부질없는 영욕은 꿈꾸지 않으니
이 밖에 더 무엇을 구하랴

臨溪濯我足、　　看山淸我目。
不夢閑榮辱、　　此外更何求。

## 그림자를 보고
對影

나 혼자 못가에 앉았다가
우연히 못 속에 있는 중을 만났네
잠자코 웃으며 서로 바라보았지
누군지 알고 말하건만 대답이 없네

池邊獨自坐、　　池底偶逢僧。
默默笑相視、　　知君語不應。

# 작은 연못
小池

바람 없어 물결이 일지 않으면
삼라만상보다 더 많은 것이 비치네
어찌 많은 말이 필요하랴
바라보면 이미 뜻이 통하네

無風湛不波、　　有像森於目。
何必待多言、　　相看意已足。

# 봄날 연곡사에서 놀다가 불당의 늙은 스님에게

春晚遊燕谷寺贈堂頭老

봄 깊은 옛절이 일없이 고즈넉해
바람도 없이 떨어진 꽃잎만 섬돌에 가득해라
저녁 노을 맑은 구름을 즐기고 있자니
마침 두견새 울음 소리가 산을 울리네

春深古院寂無事、　　風定開花落滿階。
堪愛暮天雲晴淡、　　亂山時有子規啼。

# 인월대

隣月臺

바위벽이 우뚝 솟아 몇 길이나 되는지
그 위에 높은 누대가 있어 하늘 끝에 닿았네
북두[1]로 은하수를 길어 한밤에 차를 달이는데
차 연기가 싸늘하게 달 속의 계수나무를 감싸네

巖叢屹屹知幾尋、　　　上有高臺接天際。
斗酌星河煮夜茶、　　　茶煙冷鎖月中桂。

---

1) 북두칠성의 모습이 국자처럼 생겼다.

## 저물며 개다
### 晚晴

점점이 열린 산빛이 보아도 지겹지 않고
씻어낸 꾀꼬리 울음도 들을수록 새롭네
한꺼번에 개인 장마가 너무나 고마워
분명한 이 재미가 한가한 사람을 위로하네

點開山色看無厭、　　洗出鶯聲聽更新。
多謝晚霖一時霽、　　著些滋味慰閑人。

## 전물암에 머물면서
### 寓居轉物庵 五首

4
오봉의 산빛은 저물수록 짙푸러지고
한 줄기 시냇물 소리는 새벽 되며 거세지네
아침 저녁으로 오가는 빛과 소리가 있으니
이 맑은 노래를 누가 우리처럼 얻으랴

五峰山色昏彌翠、　　　一帶溪聲曉更高。
暮去朝來聲色裡、　　　淸歌誰得似吾曹。

## 최전이 법을 구하기에 이 글을 써서 보내다
### 崔塼求法寫此送之

거울 속에서 누구 모습을 보는가
그대 소리는 골짜기에서 들리네
보고 들음에 미혹되지 않으면
어느 곳인들 트인 길이 아니랴

鏡裡見誰形。　　谷中聞自聲。
見聞而不惑、　　何處匪通程。

# 목련
木蓮

잎을 보고는 감인가 했는데
꽃을 보니 연꽃일세
서글퍼라 일정한 상은 없는 법
이 끝 저 끝에 매이지 말게나

見葉初疑柹、　　看花又是蓮。
可憐無定相、　　不落兩邊頭。

# 비 온 뒤
雨後


기괴한 새 울음 소리가 깊은 골짜기를 울리고
흰 구름 조각조각이 푸른 산에 무늬지네
비 온 뒤에 고요히 앉았노라니 아무런 일도 없는데
구름은 무심하건만 새는 한가치 못하네

怪鳥聲聲響幽谷、　　白雲片片彪靑山。
雨後靜坐人無事、　　雲自無心鳥未閑。

## 물가에서
### 臨水

우연히 와서 맑게 고인 물을 들여다보다가
머리에 가득한 눈과 서리를 보고 깜짝 놀랐네
세상 일도 내 일도 근심하지 않았건만
누가 가꿔 이 흰 머리털을 나게 했던가

偶爾來臨止水淸。　　滿頭霜雪使人驚。
不憂世事兼身事、　　誰得栽培白髮生。

# 죽존자
竹尊者

내가 죽존자를 사랑함은
추위와 더위를 다 이겨내기 때문일세
나이가 많아질수록 절개가 굳세지고
세월이 오래될수록 마음은 비어지네
달 아래서 맑은 그림자와 놀고
바람에 부처 말씀을 보내면서
흰 눈을 머리에 이고는
운치 있는 모습으로 총림에 났네

我愛竹尊者、　　不容寒暑侵。
年多彌勵節、　　日久益虛心。
月下弄淸節、　　風前送梵音。
皓然頭戴雪、　　標致生叢林。

■
* 혜심이 대나무를 주인공으로 하여 지은 가전체 소설 〈죽존자전(竹尊者傳)〉 끝에 붙어 있는 찬이다. 〈죽존자전〉은 1940년 월정사에서 간행한 《진각국사어록》 부록에 실려 있는데, 이 찬시는 〈죽존자〉라는 제목으로 〈무의자시집〉에 따로 실려 있기도 하다.

# 대인명
## 大人銘

내가 일찍이 경전을 읽다가 "나쁜 일은 제게 돌리고 좋은 일은 남에게 돌린다"는 말에 이르러 오랫동안 음미하면서, "참으로 마음이 넓은 사람이다"고 생각했다. 그래서 그 말을 명심하며, 남을 의심하거나 비방할 경우가 생기면 늘 남과 다투지 않고, 다만 빙그레 웃기만 했다. 그래서 이 〈대인명〉을 지어 스스로 격려한다.

보살의 수양은
걸레와 같으니
더러운 때는 내가 맡고
깨끗한 일은 남에게 주네
내 비록 못났지만
이로써 스스로 진중하리라
나를 모르는 이는
나를 티끌처럼 보지만
더러움 머금고 치욕을 참으면서
마음의 진실만은 잃지를 않네
바라노니 동학들이여
듣는 자마다 큰 띠에 적어 두게

菩薩所養、　　如拭塵巾。
攢垢在己、　　推淨與人。
我雖不肖、　　以是自珍。
不知我者、　　詛我如塵。
含垢忍恥、　　內不失眞。
願言同學、　　聞者書紳。

# 식영암명
## 息影庵銘

몸이 움직여 다니면
사람이 그 자취를 보고
마음이 움직여 다니면
귀신이 그 자취를 보네
몸과 마음이 모두 안 움직이면
사람도 귀신도 못 찾겠지
하물며 본래 몸도 마음도 없으니
거기에 어찌 움직임이 있으랴
만일 이런 줄 알면
그것이 참 식영[1]이라네

| | |
|---|---|
| 身動而行、 | 人見其跡。 |
| 心動而行、 | 鬼見其跡。 |
| 身心俱不動、 | 人鬼無以覓。 |
| 況本無身心、 | 何曾有動靜。 |
| 若了如是、 | 是眞息影。 |

■
1) 그림자를 쉬게 한다는 뜻이니, 그림자를 없애는 것이다. 식영암(息影庵)은 수선사(修禪社)에서 참선하던 늙은 스님에게 지어준 당호이다. 스님의 이름은 운기(雲其)이고, 자는 무심(無心)이다. 국문학사에서는 식영암이 가전체소설 〈죽존자전(竹尊者傳)〉과 〈빙도자전(氷道者傳)〉을 지은 작가로 알려져 있는데, 이 가전체소설들은 〈진각국사어록〉 부록에 실려 있다.

# 원감국사(圓鑑國師) 충지(沖止)

원감국사(1226-1292)의 법명은 법환(法桓)이었는데, 뒤에 충지라고 고쳤으며, 호는 복암(宓庵)이다. 호부원외랑(戶部員外郎) 위호소(魏號紹)의 아들인데, 9세부터 글을 배워 19세에 장원급제하였다. 일본에 사신으로 가서 문장으로 이름을 떨치기도 하였다. 29세에 출가해 원오국사(圓悟國師)에게서 수계하였으며, 41세에 감로사 주지가 되었다. 61세에 원오국사가 세상을 떠나자 수선사의 제6세가 되었으며, 7년 동안 사주(社主)로 있으면서 〈상대원황제표(上大元皇帝表)〉〈조계산수선사주복전표 曹溪山修禪社主復田表〉를 올려 몽고에 몰수된 사전(寺田)을 돌려달라고 청하였다. 이 글을 본 원나라 세조가 감동하여 땅을 돌려주고, 그를 북경으로 청하여 빈주(賓主)의 예로 맞았으며, 금란 가사와 백불(白佛)을 선사하였다. 원감국사는 시호이다.

원감국사의 시문집은 원래 《원감국사어록》이라는 이름으로 고려 충렬왕 27년에 간행되었는데, 뒤에 국내에 전하지 않자 최남선이 일본에서 구해왔다. 송광사 주지 설월선사가 임석진을 시켜 유고를 더 수집한 뒤에 보완하여 출간하였다. 《동문선(東文選)》에도 그의 글이 많이 실려 있다. 젊은 시절에 벼슬했으므로, 뒷날에도 관리들과 주고받은 시가 많이 있다.

# 그윽한 곳에 살다
## 幽居

번화한 곳을 떠나 살면서
울긋불긋한 산 속에서 한가롭게 노니네
솔길은 봄이라 더욱 고요하고
대사립문은 낮인데도 닫혀 있네
처마가 짧아서 달을 먼저 받아들이고
울타리가 낮아 산을 가로막지 않네
비 온 뒤에 시냇물은 급하게 흐르고
바람이 멎자 산마루 구름도 한가로워라
골이 깊어 사슴이 숨고
숲이 빽빽해 새들이 자러 돌아오네
아침 저녁이 쉽게 지나가니
거칠고 게으른 성미를 고칠 만하네

棲息紛華外、　優遊紫翠間。
松廊春更靜、　竹戶晝猶關。
檐短先邀月、　牆低不礙山。
雨餘溪水急、　風定嶺雲閑。
谷密鹿攸伏、　林稠禽自還。
翛然度晨暝、　聊以養疎頑。

## 산에서 놀다가 돌아오는 길에 삼랑루를 지나면서 배 안에서 짓다

遊山廻過三郞樓舟中作

오로봉 앞길에서 지팡이 돌려
삼랑루 밑 물굽이를 배로 지나갔네
물새들이 사람과 친해 놀라 피하지 않고
돛 스치며 날아갔다가 다시 날아오네

杖過五路峰前路、　　舟過三郞樓下灣。
沙鳥馴人不驚避、　　掠帆飛過又飛還。

## 한가한 가운데 스스로 기뻐하다
閑中自慶

날마다 산을 보아도 보기에 넉넉치 않고
때때로 물소리 들어도 듣기에 지겹지 않네
귀와 눈이 저절로 다 맑고 시원해져
소리와 빛깔 속에서 고요함을 잘 기르네

日日看山看不足、　　時時聽水聽無厭。
自然耳目皆淸快、　　聲色中間好養恬。

## 정혜사에 들어가 게송을 짓다
至元九年壬申三月初入定惠作偈示同梵

계족봉[1] 앞에 오래된 도량이 있어
이제 와보니 푸른 산빛이 유달리 빛나네
맑은 시냇물 소리가 바로 장광설[2]이니
무엇하러 수다스럽게 다시 설법[3]하랴

鷄足峰前古道場。　　今來山翠別生光。
廣長自有淸溪舌、　　何必喃喃更擧揚。

---

\* 원제목이 길다. 〈지원 9년(1272년) 3월에 처음으로 정혜사에 들어가 게송을 지어 불가의 동지들에게 보이다.〉
1) 전라도 승주군 서면 청소리에 있는 산(726m)이다.
2) 광장(廣長)은 부처님의 넓고 긴 혀를 형용한 모습인데, 부처의 32상(相)의 하나이다. 청계설(淸溪舌)은 맑은 시냇물 소리를 부처의 설법(혀)에 비유한 표현이다.
3) 원문의 거양(擧揚)은 화두(話頭)를 들어 진리를 자세히 설명하는 것이다.

## 고사리를 캐고 돌아와

率衆採薇廻示同梵


바구니 들고 새벽에 나서자 푸른 산이 높이 솟았는데
숲속에서 한가롭게 산나물을 캐다 돌아왔네
그 가운데 있는 무한한 뜻을 알려고 하자
흰 구름이 때때로 저녁 새들과 함께 돌아오네

提籃曉出碧崔嵬。　　林下閑挑野菜來。
欲識箇中無限意、　　白雲時與暮禽廻。

# 한가한 가운데 우연히 짓다
## 閑中偶書

절이 천 겹 산 속에 있어
깊고 그윽한 경지를 말하기 어렵네
창을 열면 그대로 산빛이 보이고
문을 닫아도 시냇물 소리가 또한 들리네
골짜기가 깊어 맑은 날에도 어둡고
누각이 높아 밤인데도 환하네
대숲 바람이 자리 옆에서 일어나고
소나무 이슬이 추녀 끝에 떨어지네
경계가 고요해서 숨어 살기 편하고
몸이 한가해 움직임이 가볍네
지치면 이따금 비스듬히 누워서 쉬고
한잠 자고 난 뒤엔 거닐기도 하네
번뇌가 다했으니 기쁨도 슬픔도 없고
찾는 손님이 드무니 배웅도 마중도 적네
배 고프면 산나물 속잎이 부드럽고
목 마르면 바위틈 샘물이 시원하네
늙고 병든 몸을 부지할 뿐이지
원래 도의 뜻을 기르지는 못했기에
그 가운데 있는 무한한 이 뜻을
남들과 말하기 몹시 꺼리네

寺在千峰裡、幽深未易名。
開窗便山色、閉戶亦溪聲。
谷密晴猶暗、樓高夜自明。
竹風生几席、松露滴簷楹。
境靜栖遲穩、身閑舉止輕。
困來時偃息、睡足或經行。
累盡無欣慼、賓稀少送迎。
飢餘林蔌軟、渴有石泉清。
祇是安衰疾、元非養道情。
箇中何限意、切忌與人評。

## 안렴사에게

寄按廉金侍御詩

고을 백성들이 다투어 먼저 보려는데[1]
안렴사께서 늙은 중을 먼저 찾아주셨네
밤새도록 정다운 말에 만족했건만
오래 쌓인 깊은 속을 다 털어내지 못했네
낭랑하게 읊던 시구들이 아직도 귀에 남아
은근히 맑은 꿈이 사또의 수레를 뒤따르네
멀지 않은 날에 다시 만나려고
달빛 비치는 자리와 바람 부는 난간을 다 치워 놓았소

州郡爭瞻怨後予。　　廉公先訪老僧居。
通宵軟語雖云足、　　積日幽懷尙未攄。
髣髴高吟猶在耳、　　殷勤淸夢自隨車。
一麾早晩重相遇、　　月榻風欄已掃除。

∎
* 안렴사는 1276년(충렬왕 2년)에 안찰사를 개칭한 벼슬인데, 관찰사와 비슷하다.
1) 《서경》에서 "탕왕이 첫번째 정벌을 갈(葛)나라에서부터 시작했는데, 온 천하 사람들이 옳다고 믿었다. 탕왕이 동쪽을 향해 정벌하면 서쪽 오랑캐가 원망하였고, 남쪽을 향해 정벌하면 북쪽 오랑캐가 원망하면서, '왜 우리 지방을 나중에 정벌하시나?'라고 말했다"라고 했습니다. 백성들이 탕왕 기다리기를, 오랜 가뭄에 구름과 무지개를 기다리듯 했습니다. - 《맹자》 권2 〈양혜왕〉 하
'원후여(怨後予)'는 "나를 뒤로 돌린다고 원망하다"는 뜻인데, 훌륭한 임금이나 목민관을 기다렸다는 뜻이다.

## 시랑 김원에게
戲答分揀金侍郎烜

2
예전 관동 땅으로 만 리 길 떠날 때에
멀리 배웅하던 늙은이의 눈물을 흘리게 했었지
돌아오는 길에 다시 만나니 참으로 꿈만 같아라
수레 멈추고 옛정을 이야기한들 어찌 안되랴

昔向關東萬里行、　　遙將老淚灑歸程。
此廻重見眞如夢、　　何害停車話舊情。

# 새로 평양태수가 된 아우에게

舍弟平陽新守文愷將抵州治先到山中是夕會有雨相與話盡十
餘年睽觀之意不覺至天明因記蘇雪堂贈子由詩中所引韋蘇州
何時風雨夜復此對床眠之句作一絶以贈之

그대와 헤어진 지가 십삼 년이나 되어
낙북과 강남<sup>1)</sup>에서 서로 아득했었지
어찌 알았으랴 계족산 비바람 치는 이 밤에
흰 머리로 다시 만나 함께 자게 될 줄이야

與君相別十三年。　　洛北江南兩杳然。
那料鷄峰風雨夜、　　白頭今復對床眠。

■
* 원제목이 길다. 〈내 아우 문개(文愷)가 새로 평양태수가 되어 이 고을로 부임하면서, 먼저 이 산으로 날 찾아왔다. 그날 밤에 비가 왔는데, 십여 년 동안 떨어져 있던 회포를 서로 말하느라고 새벽이 되는 줄도 몰랐다. 그래서 소설당(蘇雪堂)이 자기 아우 자유(子由)에게 준 시 가운데서 인용했던 위소주(韋蘇州)의 시 "어느 때라야 비바람 치는 밤에 다시 침상 맞대고 자랴[何時風雨夜、復此對床眠。]"라는 구절을 생각하고, 이 한 절을 지어서 아우에게 주었다.〉
설당(雪堂)은 소동파의 다른 호이다. 위소주(韋蘇州)는 소주자사를 지낸 당나라 시인 위응물(韋應物)을 가리킨다.
1) 낙북(洛北)은 중국의 낙수(洛水) 북쪽, 즉 한나라의 서울이던 낙양을 가리키는데, 여기서는 아우가 있던 당시의 서울 송도(松都)를 가리킨다. 강남도 중국의 양자강 남쪽을 가리키는데, 여기서는 자신이 있던 계족산 정혜사를 가리킨다. 당시에 순천(승주군)을 강남이라고도 불렀기 때문이다.

## 한가한 가운데 우연히 짓다

閑中偶書 二首

2
평생 외로움을 즐겼기에
궁벽한 골짜기에다 늙은 몸을 맡겼네
땅이 외져서 꽃도 늦게 피고
산이 높아 해도 더디 오르네
파초 순은 쉬임없이 솟아오르고
시냇물 소리¹⁾는 그치지 않고 울리는데
이런 즐거움을 아는 사람이 적어
부질없이 혼자서 즐길 뿐이네

平生嗜幽獨、　　窮谷寄衰羸。
地僻花開晚、　　山高日出遲。
蕉心抽不盡、　　溪舌吼無時。
此樂少人會、　　嗒然空自怡。

---

1) 파초 순은 파심(芭心)이라 하고, 시냇물 소리는 계설(溪舌)이라 하여, '마음과 혀'를 대조적으로 표현하였다.

## 삼월 이십사일 천호산 개태사에서 자다
三月二十四日抵宿天護山開泰寺

일 년에 세 번이나 개태사를 지나며 보니
천호산 속에는 흰 구름도 많구나
저 흰 구름이 산 속의 한가함을 자부하며
이 산에서 멀리 떠나는 나그네를 비웃겠지
흰 구름에게 말하노니 나를 비웃지 말게나
내 걸음은 옳은 것도 옳지 않은 것도 없으니
내가 다른 숲에다 자리잡지 않고
이곳에 돌아와 그대와 수작할 줄이야 어찌 알았으랴

一年三過天護山、　　天護山中白雲白。
白雲自負山中閑、　　應笑山前遠行客。
寄語白雲母笑我、　　我行無可無不可。
安知不卜好林壑、　　歸來與君相酬酢。

---

∗ (개태사는) 충청남도 연산군에 있다. (원주)

# 절구
### 絶句

숲이 우거져 새소리 즐겁고
골짜기가 깊어 사람은 드무네
차갑게 떨어지는 폭포에 꿈길은 돌아오고
날아가는 조각 구름에 눈길을 주네

林茂鳥聲樂、　　谷深人事稀。
夢廻寒瀑落、　　目送斷雲飛。

## 한가한 가운데 우연히 짓다
閑中偶書

1
옛절에 사람도 오지 않는데
숲이 깊어 해가 더욱 길구나
여린 이끼가 섬돌에 오르기 시작하고
새로운 대줄기가 담 위로 솟으려 하네
비에 젖은 파초가 더욱 푸른데
작약 향기까지 바람에 날려오네
앉아 있기도 지겨워 한가롭게 거닐자
서늘한 기운이 소맷자락에 스며드네

古寺無人到、　　林深日更長。
嫩苔初上砌、　　新竹欲過牆。
雨浥芭蕉綠、　　風傳芍藥香。
坐慵聊散步、　　襟袂有餘凉。

2
한가롭게 사니 마음 저절로 즐거워지고
홀로 앉았으니 흥취 더욱 길구나
묵은 잣나무는 높은 누각에 닿고
그윽한 꽃이 낮은 담을 덮었네
오지사발에는 다유[1)]가 희고
비자나무 책상에는 연기[2)]가 향그럽네
비 멎자 산당이 고요한 데다
툇마루에 앉으니 저녁 기운이 서늘해라

閑居心自滴、　　獨坐味尤長。
古栢連高閣、　　幽花覆短墻。
瓷甌茶乳白、　　榧橫篆烟香。
雨歇山堂靜、　　臨軒快晚凉。

■
1) 다유(茶乳)는 차 열매에서 짜낸 기름이다. 겨울에 꽃이 피어 봄에 열매가 맺히는데, 그 기름으로 등불도 켜고, 약으로도 바른다.
2) 전연(篆烟)은 전자(篆字) 모양으로 꼬불꼬불 오르는 연기이다.

# 영남 백성들이 고생하는 모습
### 嶺南艱苦狀二十四韻

영남 백성들의 가난하고 고생하는 모습을
말하려니 눈물이 앞서네
좌우 양도에서 군량미를 공급하고
삼남의 산에서 전선을 만드네
병역과 세금은 백 배로 늘었고
삼 년 동안이나 신역에 불려 나가네
징집하고 찾아가기가 성화처럼 급하고
호령을 우뢰처럼 전하네
사신이 잇달아 오고
서울의 장수들이 줄을 이었는데
팔이 있다지만 다 묶였고
채찍을 맞을 등줄기마저 없네
오가는 관원을 맞기에 이력이 났고
나르는 수레가 밤낮 잇달았네
말이나 소도 등 온전한 놈이 없고
백성들의 어깨도 쉴 틈이 없어
새벽에 칡뿌리 캐러 갔다가
달빛을 밟으면서 풀 베어 돌아오네

∎
* 경진년(1280년)에 일본을 정벌할 전함들을 만들 때에 지었다. (원주)

농사할 일꾼 몰아다가 수군을 삼고
사공들도 바닷가에 배 만들러 갔네
장정을 추려내 갑옷 입히고
장정[1]을 뽑아내 창을 메게 했네
때 맞춰 가라고 재촉하니
한 치의 시간인들 늦는 걸 용납하랴
처자식은 땅을 치며 울부짖고
부모는 하늘을 부르며 통곡하네
생사의 갈림길에서 스스로 나눠지니
생명이 온전하길 어찌 기약하랴
늙은이와 어린것만 남아 있으니
억지로 살아 남으려 해도 끓는 물처럼 초조하네
고을마다 반은 달아난 집이고
마을마다 논밭은 모두 황폐해
어느 집인들 쓸쓸치 않으며
어느 곳인들 시끄럽지 않으랴
세금은 끝내 면할 수 없으니
군량미는 또 어떻게 감당하랴

■
1) 원문의 장(壯)은 30세이고, 정(丁)은 20세이다. 정(丁)은 나라의 부역을 담당하는 나이인데, 시대에 따라서 20세를 넘어서기도 하고, 20세 밑으로 내려가기도 했다.

만신창이 아픔이 날로 심하니
지친 이 몸을 어떻게 고치랴
부딪히는 일마다 아픔을 견뎌야 하니
산다는 것이 참으로 가련해라
형세가 견디기 어려운 것은 알고 있지만
하소연하려 해도 할 곳이 없네
황제의 덕이 푸른 하늘에 덮이고
황제의 영명함이 해처럼 높이 달려
어리석은 백성들은 그래도 기대하니
성인의 은택을 반드시 베푸시겠지
삼한의 백성들이
집집마다 베개 높이고 편히 자겠네

嶺南艱苦狀、　　說欲涕將先。
兩道供軍料、　　三山造戰船。
征徭曾百倍、　　力役亘三年。
星火徵求急、　　雷霆號令傳。
使臣恒絡繹、　　京將又聯翩。
有臂皆遭縛、　　無胰不受鞭。
尋常迎送慣、　　日夜轉輸連。
牛馬無完脊、　　人民鮮息肩。
凌晨採葛去、　　踏月刈茅還。

水手驅農畝、梢工卷海換。
抽丁摜甲冑、選壯荷戈鋋。
但促尋時去、寧容寸刻延。
妻孥啼蹩地、父母哭號天。
自分幽明隔、那期性命全。
孑遺唯老幼、強活尙焦煎。
邑邑半逃戶、村村皆廢田。
誰家非索爾、何處不騷然。
官稅竟難免、軍租安可蠲。
瘡痍唯日甚、疲瘵曷由痊。
觸事悉堪慟、爲生誠可憐。
雖知勢難保、爭奈訴無緣。
帝德靑天覆、皇明白日懸。
愚民姑且待、聖澤必當宣。
行見三韓內、家家奠枕眠。

# 중양절에 국화를 보고 느끼다
重九日對花有感

온 땅에 전쟁이 일어나
천하 사방이 연기와 먼지일세
백성들은 끓는 물에 괴로워하니
보이는 것마다 불쌍하구나
마음 조이며 아침 저녁을 보내니
명절이 온들 어찌 알랴
진중한 동쪽 울 밑의 국화만이
때가 되자 은근히 피어
황금 꽃잎이 아리따움을 자랑하며
쓸쓸한 내 마음을 위로해 주네.
억지로 일어나 꽃 가까이 갔다가
오랫동안 오가며 돌아보았네
용산에서 모자 떨어뜨린 맹가[1]는
백골이 티끌로 변했고

∎
\* 중양절은 9월 9일이다. 양기가 가장 많은 숫자가 '9'자였으므로 9월 9일을 중양절(重陽節)이라고 하였다. 이날 높은 곳에 올라가 술잔치를 벌였다.
1) 맹가(孟嘉)의 자는 만년인데, 강하 사람이다. (줄임) 뒤에 환온(桓溫)의 참군이 되었는데, 그가 매우 소중히 여겼다. 9월 9일에 환온이 용산에서 잔치를 베풀어 막료들이 모두 모였는데, 이때 이들은 모두 융복(戎服)을 입고 있었다. 마침 바람이 불어서 맹가의 모자가 날려 떨어졌는데, 맹가는 그것도 모르고 있었다. 환온이 주위 사람들에게 말하지 못하

팽택 고을에서 술 즐긴 늙은이는[2]
한번 갔다가 돌아오지를 못했네
함께 구경할 사람이 없으니
꽃이 피었건만 여전히 쓸쓸해
옛일을 슬퍼하며 지금 세상을 가슴 아파해야 하니
이 쓸쓸한 마음을 달래기가 힘드네

| | |
|---|---|
| 干戈匝地起、 | 四海皆烟塵。 |
| 烝民困煎熬、 | 觸目吁可哀。 |
| 悒悒度晨暝、 | 那知佳節來。 |
| 珍重東籬菊、 | 殷勤及時開。 |
| 金葩競媚嫵、 | 似欲慰我懷。 |
| 强起到花下、 | 遶叢久徘徊。 |
| 龍山落帽客、 | 白骨成塵埃。 |

■ 게 하고는, 그가 어떻게 하는지 살펴보았다. 맹가가 한참 뒤에 측간에 가자, 환온이 주워 온 모자를 다시 가져다 놓게 하고는, 손성(孫盛)에게 맹가를 놀리는 글을 짓게 해서, 맹가가 앉았던 자리에 붙여 놓았다. 맹가가 돌아와서 읽어 보고 즉시 답장을 썼는데, 그 글이 매우 아름다워 자리에 있던 사람들이 모두 놀랐다. -《진서》권98 〈맹가〉 열전

2) 진나라 도연명이 9월 9일에 술이 없어 하릴없이 바라보고 있는데, 흰 옷 입은 사람이 오고 있었다. 다가온 뒤에 보니, 자사(刺史) 왕홍(王弘)이 보낸 술 심부름꾼이었다. 도연명은 즉시 따라 마시고 취했다.

彭澤嗜酒翁、　　一往不復廻。
無人肯見賞、　　花開亦悠哉。
弔古復傷今、　　幽懷難自裁。

# 계미년 사월 초하룻날 비가 내리자 농사를 걱정하며 짓다

憫農黑羊四月旦日雨中作

농사일은 때에 맞춰야 하니
때를 놓치면 다시 할 수가 없네
농사철이 그리 많은 것도 아니니
봄 여름이 엇갈리는 기간일세
봄이 다 가고 여름이 벌써 왔으니
농사일을 지체할 수가 없어
하느님도 절기가 된 것을 아시고
기름진 비를 자주 베풀어 주시네
일본 정벌하는 일[1]을 몹시 서두르니
농사일을 누가 생각하랴
사신은 끊임없이
동으로 달려갔다 서로 내닫네
마을이 텅 비도록 백성을 불러다가
저 바닷가로 멀리 내몰았네
밤낮으로 산의 나무를 베어서
배 짓다 보니 힘이 벌써 지쳤네

∎
* 원문 제목의 흑양(黑羊)은 계미년(1283년)이다. 흑(黑)은 오행으로 따져 임(壬)·계(癸)이고, 양(羊)은 미(未)이다.
1) 몽고가 일본을 두 차례 정벌하면서, 그 준비를 고려에 강제로 부담시켰다. 1차 정벌 때에는 공인(工人) 3만 5천 명과 배 9백 척, 2차 정벌 때에는 군량미 11만 석과 전함 9백 척을 요구하였다. 그래서 농사철을 놓친 백성들을 걱정한 것이다.

한 뼘 땅도 새로 일구지 못하니
백성들의 목숨이 무엇에 힘입으랴
백성들에겐 묵은 곡식도 없으니
태반이 굶주리다 지쳐 벌써 울고 있네
게다가 농사철까지 놓쳤으니
남김없이 죽는 꼴까지 보게 되었네
슬프다 나는 무엇하는 자인가
부질없이 눈물만 줄줄 흘리네
슬프다 우리 나라 백성에게는
하느님도 슬퍼해 주지 않으시나
어떻게 하면 큰 바람을 불게 해서
피눈물 나는 이 사연을 올려 보낼까
바람이 한번 불어 그 사연을 하늘로 올려 보내면
백옥전에서 펴보시겠지
미진한 사연이 있더라도
하느님께서는 다 아실 테지

農事須及時。　　失時無復爲。
農時苦無幾、　　春夏交爲期。
春盡夏已生、　　農事不可遲。
上天解時節、　　膏澤方屢施。
征東事甚急、　　農事誰復思。

使者恒絡繹、東馳復西馳。
卷民空卷閭、長驅向江湄。
日夜伐山木、造艦力已疲。
尺地不墾闢、民命何以資。
民戶無宿糧、太半早啼飢。
況復失農業、當觀死無遺。
嗟予亦何者、有淚空漣洏。
哀哉東土民、上天能不悲。
安得長風來、吹我泣血詞。
一吹到天上、披向白玉墀。
詞中所未盡、盡使上帝知。

## 우연히 짓다
偶書一絶

뜨락에 비가 지나가자 쓸어낸 듯이 고요하고
바람이 난간에 지나가자 가을처럼 시원하구나
산빛과 물소리에다 또 솔바람 소리까지 있으니
어떤 세상 일이 이 마음에 이르랴

雨餘庭院靜如掃。 風過軒窓凉似秋。
山色溪聲又松籟、 有何塵事到心頭。

## 암자 주인에게

庵主出山久不返作句寄之

늙은 스님께서 산을 내려간 뒤에
이 암자에는 먼지만 이네
빨리 그 지팡이를 돌려
원숭이와 학을 슬피 울게 하지 마소

老人出山去、　　　禪石已生埃。
爲報急廻錫、　　　無令猿鶴哀。

* 원제목이 길다. 〈암자 주인이 산을 내려갔다가 오랫동안 돌아오지 않기에, 이 절구를 지어 부치다.〉

# 영소가 찾아와 감사하다
謝紹師弟見訪

총림(叢林)이 가을숲보다도 더 영락했으니
갖가지로 스며드는 어려움을 어떻게 견디랴
병과 가난으로 뼈만 남았고
늙은 데다 게을러져서 무심한 사람 같아졌네
괴로운 물고기는 맑은 물을 그리워하고
지친 새는 부질없이 짙은 그늘만 찾네
답답하고 긴 하루를 누구와 함께 보내랴
그대가 멀리서 찾아와 주니 고맙기만 해라

叢林零落甚秋林、 潦倒那堪萬累侵。
病與貧俱唯有骨、 老將慵會似無心。
困魚幾戀淸波濶、 倦鳥空思美蔭深。
悒悒同誰消永日、 感君得得遠來尋。

■
* (사제의 이름으로) 영소(靈紹)이다. (원주)

## 한가롭게 지내며 여러 가지를 짓다
### 閑中雜詠 六首

4
발을 올려서 산빛을 끌어들이고
대통을 이어서 시냇물 소리를 나눠 가지네
아침이 다 가도록 찾아오는 사람도 적은데
뻐꾸기만 혼자서 제 이름을 불러대네

卷箔引山色、　　連筒分澗聲。
終朝少人到、　　杜宇自呼名。

# 산에 살면서
## 山居

높고 낮은 전각들이 구름 끝에 달렸는데
한낮이 되어도 숲속이라 아직 문을 닫았네
산이 가까워 아침이면 아지랑이가 자리에 들고
시냇물이 감돌아 밤이면 허연빛이 마루에 스며드네
소나무를 심어 원숭이를 오르내리게 하고
대나무를 심어 참새들도 지저귀게 했네
내가 사람들 멀리한 게 아니라 사람들이 스스로 멀어졌으니
조용히 혼자 앉아서 아침 저녁을 보내네

參差殿閣倚雲根。　　日晏林間尙掩門。
山近翠嵐朝入座、　　川廻白氣夜侵軒。
養松爲愛猿猴掛、　　種竹從敎鳥雀喧。
我不遠人人自遠、　　嗒然孤坐度晨昏。

# 자서

自叙

세월이 어느새 다 지나가
늙음과 병이 서로 억누르네
다리는 힘이 없어 지팡이에만 의지하고
몸은 여위어서 띠가 줄어들었네
배부르고 한가롭다 보니 게을러졌고
도를 끼니로 삼다 보니 살찌지도 못했네
날이 저물녘에야 거친 쌀을 씻고
봄이 깊었는데도 아직 누비옷일세
가난하게 살다 보니 친구 스님도 적은데
도성이 멀어서 세속의 친구는 더욱 드무네
오직 외로운 구름만이 내 친구가 되어
때때로 처마 밑에 날 찾아오네

光陰忽已邁、　老病鎭相依。
脚跛節全力、　身羸帶減圍。
飽閒仍得懶、　喰道不成肥。
日晏方籭糲、　春深尙衲衣。
居貧禪侶少、　城遠俗緣稀。
獨有孤雲伴、　時從簷下歸。

# 산 속에 찾아왔다가 자지도 않고 돌아간 옛친구에게

尹使君諧來訪山中挽留之不可一宿而歸送後作句寄之

옛절에 서리가 내려 낮에도 문이 잠겼는데
사또의 행차가 찾아오리라고야 어찌 생각했으랴
귀 밑에 늘어난 흰 머리 보고 슬펐지만
그래도 눈동자는 옛 생기 그대로일세
입에서 나오는 대로 시를 읊어서 귀신을 놀라게 하고
온몸의 맑은 덕이 내게까지도 스며드네
남은 이야기 다 하려고 붙잡았지만
풀줄거리로 큰 종 치려니[1] 부끄러워라

---

* 원제목이 길다. 〈사또 윤해가 산 속에 찾아왔기에 붙들었지만, 하루도 잘 수 없다면서 돌아갔다. 그래서 보낸 뒤에 이 시를 지어 부치다.〉
  윤해(1231-1307)의 자는 강재(康哉)인데, 무송현 호장 윤양비(尹良庇)의 아들이다. 과거에 급제하여 상주 사록(司錄)이 되었으며, 뒤에 충렬왕을 모시고 원나라에 다녀오면서 공금을 정확하게 처리하여 남은 비용을 국고에 돌렸다. 장흥부의 지사로 나갔다가 일본을 정벌하기 위한 여몽(麗蒙) 연합군의 전함 건조를 감독하였으며, 충렬왕이 복위한 뒤에 국학 대사성에 올랐다. 청렴결백하여 전중시사(殿中侍史)라는 높은 벼슬에 있으면서도 죽조차 끓여 먹지 못해, 콩으로 배를 채웠다고 한다. 그러나 권세를 두려워하지 않고 바른말을 했으며, 과단성있게 일을 처리하였다.

1) 풀줄거리로 큰 종을 치다[以莛撞鐘]. 《한서》권65 〈동방삭전〉

古寺霜寒晝掩扃。豈期軒蓋忽來經。
雖悲兩鬢添新白、尚喜雙眸帶舊靑。
信口高吟驚鬼壯、通身清德襲人馨。
挽留欲盡三分話、慚愧洪鐘噎寸莛。

# 가는 봄을 아쉬워하다
惜春吟

봄바람이 너무 무정해라
나를 버리고 가면서 돌아보지도 않네
수양버들은 실만 가지고 있지
가는 봄을 매어둘 줄도 모르네
가는 봄을 원망하는 복사꽃 붉은 뺨에
아침 이슬이 눈물방울로 맺히네
산새도 슬프게 울어대면서
사람에게 무엇인가 하소연하네
그윽한 이 시름을 누구에게 말할 수도 없어
신발을 갈아 신고서 채마밭에 나가 보니
그 많던 꽃들이 다 쓸어 없어지고
푸른 잎들이 어느새 숲을 채웠네
가는 봄이야 가는 대로 둘 수밖에 없지만
쇠잔해 가는 몸을 재촉하는 듯하니 내 어찌하랴
사람이 우주 사이에 산다는 것이
잠시 주막에 머무는 것과 무어 다르랴
그만두세나 슬퍼할 것도 없으니
오고가는 것이 모두 운수에 달렸네
이 조화에 따라 다하면 되는 것이니
하늘에서 타고난 대로 살아 가리라

春風大無情、棄去不我顧。
垂楊徒有絲、曾不解繫駐。
紅桃怨春歸、朝來空泣露。
山鳥亦哀呼、似欲向人訴。
幽懷無人寫、細履繞園圃。
群芳掃已盡、綠葉滿林樹。
春歸也任歸、爭奈催衰暮。
人生宇宙間、何異暫羈寓。
置之不用悲、代謝固有數。
聊乘化歸盡、姑以信天賦。

## 평양에 새로 온 군수에게

聞平陽新守自侍郞始宣政化作詩寄似

일찍이 관가를 열어 어진 풍도를 펼쳤으니
한 고을 백성들이 모두들 기뻐하네
엊저녁 참선 뒤에 편히 잠들었으니
사또의 덕화가 산 속까지 미친 것을 이제 알았네

肇開鈴閣扇仁風。　　一境欣然喜已同。
昨夜禪餘眠更穩、　　是知新化及山中。

■
\* 원제목이 길다. 〈시랑으로 있다가 평양에 새로 온 군수가 정사를 펼친다
　는 말을 듣고 시를 지어 부치다.〉
\*\* 평양은 순천의 옛이름이다.

# 임종게

지나온 햇수가 육십칠 년인데
오늘 아침에야 만사가 끝났네
고향으로 돌아가는 길이 평탄하니
앞길은 분명히 실수 없겠네
손에 남은 것이라곤 겨우 지팡이 하나지만
도중에 다리가 지치지는 않겠네

閱過行年六十七、　　及到今朝萬事畢。
故鄕歸路坦然平、　　路頭分明曾未失。
手中纔有一枝筇、　　且喜途中脚不倦。

---

* 대사성 김훈(金曛)이 지은 〈조계산 제6세 증시 원감국사 비명(曹溪山第六世贈諡圓鑑國師碑銘)〉에 실려 있는 게이다.

## 진정국사(眞淨國師) 천책(天頙)

진정국사의 이름은 천책이다. 고려 건국공신 신염달의 후손인 듯하고, 외가도 신라 왕실의 후손으로 9대나 벼슬한 명문이라고 한다. 그 자신도 7, 8세부터 글을 읽었으며, 태학에 들어가 수업하고 벼슬에 오르기도 하였다. 그러다가 문장가의 헛된 이름에 회의를 느끼고 불문에 출가하였다. 그의 생애에 대해서는 잘 알려져 있지 않고, 문집으로는 《만덕산 백련사 제4대 진정국사 호산록(萬德山白蓮寺第四代眞靜國師湖山錄)》이 전하는데, 그의 생애는 잘 알려져 있지 않아서, 책 이름도 진정(眞靜)의 이름으로 잘못 쓰여져 있다. 이 책에 실린 글들은 대부분 백련사에 입사하는 사대부 불자들과 주고받은 시문들이다. 다산 정약용은 강진에 귀양가 있던 동안에 그의 글들을 읽어 보고 〈제천책국사시권(題天頙國師詩卷)〉이라는 글을 썼다. 다산은 이 글에서 그의 시가 아름다우면서도 굳세다고 칭찬하고, 삼국시대와 고려시대의 삼대 시인으로 최치원·천책·이규보를 꼽기까지 하였다.

# 중서사인 김녹연에게 답하다
答中書舍人金祿延

이름을 옮겨 백련사로 들어감이 어찌 우연이랴
대소산에서 법화 삼매를 깨닫던 그 젊은 나이일세[1]
고요한 호계에서 도연명의 손을 잡고[2]
바람 맑은 상석[3]으로 장연을 이끄네
오십여 명이 남의 착함을 기뻐하게[4] 하려고
삼천 세계[5]의 원융함을 깨닫게 했네
진중하신 중서성[6]의 어진 학사께서
이 일을 마음에 새겨 좋은 글을 보내었네

■

* 중서사인은 중서문하성의 정4품 관원인데, 간관(諫官)의 임무를 맡았다. 김녹연은 1264년에 예빈경(禮賓卿)으로 사신이 되어 몽고에 다녀왔으며, 우간의대부(右諫議大夫)에 이르렀다.
1) 천태지자(天台智者)가 23세에 대소산의 혜사선사(慧思禪師)를 찾아가 비로소 법화삼매(法華三昧)를 깨달았다. 우리도 23세에 원묘선사(圓妙禪師)를 찾아갔으니, 성인(천태지자)과 범인(나 자신)의 일이 다르기는 하지만, (우리도) 옛자취를 따른 셈이기에 이렇게 표현했다. -《동문선》제14권〈차운답중서사인김녹연(次韻答中書舍人金祿延)〉주(注)
2) 혜원법사와 도연명의 이야기는 45페이지 주1에 설명되었다.
3) 불법의 거물을 용상(龍象)이라고 하는데, 물에서는 용이 가장 큰 동물이고, 땅에서는 코끼리가 가장 큰 동물이기 때문이다.
4) 〈화엄경〉에 선재동자(善財童子)가 도를 구하여 남방으로 다니며 53명의 선지식(善知識)을 방문하였다. 원문의 수희(隨喜)는 남의 착함을 따라서 기뻐한다는 뜻이다.
5) 불교에서 온 우주를 삼천세계라고 하는데, 일천세계는 소천(小千)이고, 소천의 천 배가 중천(中千)이며, 중천의 천 배가 대천(大千)이다.
6) 고려는 당나라의 삼성(三省)을 모방하여 중서성·문하성·상서성을 설치

逃名入社豈徒然。　　正是蘇山妙悟年。
塵靜虎溪携靖節、　　風淸棠席引張蓮。
爲成五十人隨喜、　　感悟三千境最圓。
珍重中書賢學士、　　留心此事寄佳篇。

■

했는데, 중서성과 문하성을 합쳐 중서문하성이라 했으며, 그 장관인 문하시중이 수상이 되었다. 중기 이후에 중서성이라고 줄여 불렀다. 중서문하성에는 25인의 품관이 있었는데, 2품 이상의 성재(省宰)는 위에서 국정을 의논하였고, 3품 이하의 성랑(省郞)은 아래에서 간관(諫官)의 기능을 지녔다. 중서문하성은 재신(宰臣)들이 국가의 정무를 의논하는 최고의 정치기관이었으므로 재부(宰府)라고도 불렸다.

## 동문원 평사 정흥이 백련사에 들어오며 부친 시에 답하다

答同文院評事鄭興所寄入社詩 二首

1
이제 와서 몸가짐을 뉘우쳐 봐도
일찍부터 얽매인 벼슬길이 스스로 서글프네
진리를 찾으려면 삼매를 닦아야 하지
어찌 이익을 쫓아 아득히 애쓰나
푸른 이끼 낀 길에 노닐던 자취도 드문데
꽃다운 소식이 백련당에 들려 기쁘네
언젠가 벼슬을 내놓고 한가하게 되면
시끄럽고 바쁘던 그날이 깊이 한스러우리

| | |
|---|---|
| 行止如今悔可量、 | 早拘婚官自哀凉。 |
| 尋眞但要修三昧、 | 趨利何勞競一茫。 |
| 遊跡政稀蒼蘚路、 | 芳音善及白蓮堂。 |
| 掛冠何日能閑暇、 | 深恨紛紛擾擾忙。 |

■
* 정흥은 정가신(鄭可臣, ?-1298)의 초명인데, 자는 헌지(獻之)이다. 고종 때 과거에 급제하고 여러 벼슬을 거쳐서, 1277년에 보문각대제(寶文閣待制)에 임명되었다. 1297년에 첨의중찬 판전리사사(僉議中贊判典理司事) 세자사(世子師)에 임명되었으며, 이듬해에 은퇴하기를 청하였지만 벽상삼한삼중대광 수사공(壁上三韓三重大匡守司空)을 더하였다. 성품이 정직하고 엄정하여 정치에 법도가 있었으며, 백성들의 칭찬이 자자하였다. 역사서《금경록(金鏡錄)》을 편찬하였으며, 시호는 문정(文靖)이다. 동문원은 문서를 기록하고 보관하던 관청인데, 흔히 보문각과 합병되었다. 이 시는 그가 보문각에 있던 1277년 이후에 지었음을 알 수 있다.

## 낭주태수 김서가 부쳐준 시에 답하다
答朗州太守金敍所寄

어진 정사가 늦봄보다도 따사로운데
이 낭주 백성들을 다스리러 오셨네
누가 누각에 누워 신명의 조화를 알랴
게다가 공문에서 의기의 맛도 새로워라
백련사에 보낸 시는 구슬을 꿴 듯하고
먼지를 떠난 맑은 구절이 띠에 쓸 만해
언젠가 복건으로 남쪽 멀리 가는 날이면
높은 손님으로 바삐 모시리라

仁政溫於有脚春。　　專城來鎭朗州人。
誰知臥閣神明化、　　兼得空氣門味新。
投社佳篇如串玉、　　絶塵淸句可書紳。
幅巾何日參南遠、　　忙待程之作上賓。

---

■
* 낭주는 지금의 전라남도 영암이다. 김서(?-1284)는 1271년(원종 12년)에 세자 심(諶 : 뒷날의 충렬왕)이 원나라에 볼모로 갈 때에 호부낭중으로 시종하였으며, 이듬해 충렬왕을 따라 귀국하여 사의대부(司議大夫)가 되었다. 왕의 인사관리에 반대하여 한때 파면되었다가, 1277년에 국자감 좨주(祭酒)가 되어 원나라에 하정사(賀正使)로 파견되었고, 전법판서(典法判書)에 올랐다. 김서가 보낸 시에서 "늙은 스님도 나와 같은 방에서 급제한 사람일세[老禪同是榜中人]"라는 구절을 보면, 진정국사와 같이 과거를 보아서 함께 급제했었음을 알 수 있다.

# 지제고 임계일에게

答知制誥林桂一

그대 마음속에 태허를 길렀는데
이제 겨우 성인의 불혹[1] 나이를 지났을 뿐이네
우리 법문에 몸을 맡겨 씨를 받더니
참으로 저 땅에서 이미 연꽃을 피웠네
본말을 다 알아 거듭 오묘하니
편벽과 간사함을 일체 원융하게 하였네
바로 집에 있는 보살님이 되었으니
어찌 번거롭게 거친 글이 필요하랴[2]

■
* 그의 제자인 좌정언(左正言) 임계일이 시를 지어 바치자, 대사가 이에 화답한 시이다. 좌정언은 종6품 언관이고, 지제고는 조서(詔書)나 교서를 짓던 관원인데, 지제고는 정4품 학사직에 있는 관원이 흔히 겸임하였다.
1) 나는 열다섯에 학문에 뜻을 두었고, 서른에 (예의를 알게 되어 그 무엇에도 흔들리지 않고 스스로) 섰다. 마흔에 (여러 가지를 깨우치면서) 미혹되지 않았고, 쉰에는 천명을 알게 되었다. 예순에는 남의 말을 새겨 들었으며, 일흔에는 내 마음이 하고 싶은 대로 하더라도 법도에 어긋나지 않게 되었다. - 《논어》〈위정(爲政)〉
  "사십이불혹(四十而不惑)"이라고 했으니, 임계일의 나이가 마흔이 되었다는 뜻이다.
2) 집에 있으면서도 이미 도를 깨우친 불자에게 산속에 있는 늙은 중이 더할 말이 있겠느냐는 뜻이다.
** 임계일이 보낸 시는 아래와 같다.
  가을날 쓸쓸히 앉아 벼슬살이를 생각하다 보니
  이 해가 바로 옛사람이 결사(結社)하던 해일세.
  처음에는 계림 대나무의 굳은 절개를 기대하다가

多君方寸養虛然。　　纔過先儒不惑年。
投我法門方納種、　　眞他陸地已生蓮。
如窮本末十重妙、　　須使偏邪一切圓。
是卽在家菩薩子、　　何煩更受木叉篇。

결국은 영취산 연꽃의 오묘한 향기를 받아들였네.
네 거리에는 수레 먼지가 자욱하고
천 리 산 속에는 흰 달이 둥글구나.
뒷날 숲속의 즐거움을 따르게 되면
먼저 하신 말씀을 이 거친 글에 더하리라.
弟子左正言林桂一上
披垣秋思坐蕭然。　　正是前賢結社年。
貞節初期雞省竹、　　妙香終受鷲峯蓮。
九街車馬黃塵暗、　　千里溪山皓月圓。
他日相從林下樂、　　先聲海角一荒篇。

## 백운화상(白雲和尙) 경한(景閑)

백운화상(1299-1375)의 이름은 경한이고, 백운은 그의 호이다. 어려서 출가하여 구도(求道)에 힘쓰다가, 1351년 원나라 호주에 가서 하무산(霞霧山) 석옥화상(石屋和尙)을 찾아가 법을 묻고 임제선풍(臨濟禪風)을 이어받았다. 경한이 입문하던 당시에 여러 문답 끝에 조주(趙州)의 '무(無)'자를 묻자, 석옥이 묵결(默決)하였다. 백운화상은 귀국한 뒤에 단정히 앉아 사념하다가 1353년 1월에 도를 깨쳤다. 1354년에 석옥화상이 세상을 떠나면서 〈사세송(辭世頌)〉을 지었는데, 이 글은 백운화상에게 전법하는 게송이었다. 선인 법안(法眼)이 〈사세송〉을 가지고 해주 안국사로 찾아오자, 백운화상이 제자들을 불러 재를 올렸다. 그해 봄부터 가물었는데, 재를 올리고 나자 비가 내려 풍년이 들었다고 한다. 1360년 해주 신광사에서 종풍을 드날리고, 이듬해에는 정양암에 머물렀으며, 1369년에는 김포 망산에 은거하면서 〈지공찬(指空讚)〉을 지었다. 75세에 〈불조직지심체요절(佛祖直指心體要節)〉을 지었는데, 1379년 청주 흥덕사에서 금속활자로 인쇄하였다. 이 책은 현재 전하는 세계 최초의 금속활자 간행본인데, 프랑스 국립도서관에 소장되어 있다. 1375년에 사람들을 모아놓고 〈임종게〉를 남긴 뒤에 천녕 취암사에서 세상을 떠났다. 《백운화상어록》 2권이 남아 전한다.

## 천호암에서 석옥화상에게

팔천여 리를 찾아와
스승님 얼굴을 뵈었네
바라건대 이 삼매를 빌려주시어
마음을 끝까지 평안케 하소서

八千餘許里、　　只爲謁尊顏。
願借本三昧、　　令心究竟安。

홀로 빛나는 저 하늘의 달이
만상의 밝음을 다 삼키네
고금에 오직 그 한 빛
맑고 깨끗해서 형언하기 어렵다오

獨耀天心月、　　光吞萬相明。
古今惟一色、　　淸白妙難名。

---

■
* 원제목이 길다. 〈지정 신묘년(1351년) 5월 17일에 대사가 (중국) 호주 하무산 천호암에 가서 석옥화상에게 바친 어구〉 끝에 실린 게이다.
　백운스님이 여러 문답 끝에 조주(趙州)의 '무(無)'자를 묻고 대사에게 결의(決疑)를 바라자, 석옥화상이 묵결(默決)하였다. 그러자 백운스님이 이 게를 지었다.

# 지공화상께

甲午三月日、在安國寺、上指空和尙


시체가 하룻저녁에 꿈을 꾸면서
조소(彫塑)된 사람[1])과 이야기했네
꿈 깬 뒤에 다시 살아나니
말한 것이 모두 길이었네

尸得一夕夢、　　　向塑人相語。
絶後復再甦、　　　所言皆是路。


■
\* 죽은 사람을 다 죽이고 나야 산 사람을 볼 수 있다. 죽은 사람을 다 살리고 나니, 오히려 죽은 사람과 같아졌다. - 백운화상의 편지
\*\* 지공(? - 1363)은 인도에서 온 스님인데, 법명은 제납박타(提納薄陀)이며, 선현(禪賢)이라고 번역한다. 지공은 호이다. 가섭존자(迦葉尊者)로부터 108대이며, 인도 마갈타국(摩竭陀國) 만왕(滿王)의 제3왕자이다. 8세에 나난타사(那爛陀寺) 율사(律師)에게 중이 되고, 19세에 남인도 능가국(楞伽國) 길상산(吉祥山) 보명(普明)에게 참배하였으며, 의발을 전수받고 서역을 떠나 중국에 왔다. 나옹화상이 공민왕 때에 원나라에 가서 지공에게 인가(印可)를 받고 돌아와, 여러 곳에 돌아다니며 설법하였다. 원나라 대부(大府) 대감 찰한첩목아(察罕帖木兒)의 아내인 고려 여인이 지공을 따라 출가해 연경에 법원사(法源寺)를 짓자, 지공이 그 절에 머물렀다. 1363년에 입적하자, 대사도 달예(達叡)가 그의 유골을 가져와, 1372년 양주 회암사에 부도를 세웠다.
1) 조소로 된 사람은 석고로 만든 부처이다.

# 또 십이 송을 지어 지공화상에게 바치다
又作十二頌呈似

1
배우려는 사람에겐 다른 기술이 없으니
아주 죽은 사람처럼 해야 하네[1]
한 점의 기운마저 다 없어져야
비로소 저 사람과 합해질 것일세

學人無他術、　　直似大死人。
一點氣也無、　　方與那人合。

3
옛사람들이 깨달았다고 하지만
불법이란 원래 별것 아닐세
감정의 헤아림만 끊어 버리면
당장 분명히 머리를 끄덕이리라

古人契證處、　　佛法無多子。
正要絕情量、　　當陽便承當。

---

1) 지금까지 가지고 있던 것을 모두 버려야 한다는 뜻이다.

4
본심은 본래 텅 비어 고요하며
본법은 본래 생명도 없는 것일세
이런 지혜로 잘 살펴보면
그것이 불성을 밝게 보는 것일세

本心本空寂、　　本法本無生。
此作智慧觀、　　是明見佛性。

5
배 고프면 밥 먹고 피곤하면 잠 자네.
무심하다 보니 모든 경계가 한가해지네
다만 본분의 일만 의지하여
가는 곳마다 있는 그대로 사네

飢食困來眠、　　無心萬境閑。
但依本分事、　　隨處守現成。

7
똑똑하고도 분명해 밝힐 것이 없으니
부처도 없거니와 사람도 없네.
어찌 한 물건도 없다고 하나.
깨끗한 지혜는 본체가 공이라오.

了了無可了、　　無佛亦無人。
如何無一物、　　淨智體自空。

## 8
평상시의 마음이 바로 도이고
모든 법은 보이는 그것이 진실일세
법과 법은 서로 범하지 못하니
산은 산이고 물은 바로 물일세

平常心是道、　　諸法覿體眞。
法法不相到、　　山山水是水。

## 9
도는 본래 모습이나 빛이 없으며
안도 바깥도 가운데도 없네
부처의 눈으로 보아도 보이지 않으니
범부의 어리석은 눈으로야 어찌 쉽게 보랴

道本無形色、　　不在內外中。
佛眼覰不見、　　凡愚豈易明。

11
석녀가 갑자기 아기를 낳으니
목인이 조용히 고개를 끄덕이네
곤륜산이 쇠말을 타자
허공이 채찍으로 치네

石女忽生兒、　　　木人暗點頭。
崑崙騎鐵馬、　　　舜若着金鞭。

12
두 마리 진흙소가 서로 싸우다가
부르짖으며 바다로 뛰어들었네
과거에도 현재에도 또 미래에도
아무리 휘저어 봐도 소식이 없네

兩個泥牛鬪、　　　哮吼走入海。
過去現未來、　　　料掉無消息。

# 임금님의 부름을 사양하면서
## 丁酉九月日答宣旨書

꺾어진 병든 나무가 오랫동안 누워서
바람도 불지 않고 서리 눈발도 속이지 못하네
나무꾼이 보고도 베지 않았는데[1]
임금님께선 무엇하러 괴롭게 부르시나

| | |
|---|---|
| 摧殘病木臥多時。 | 不被風吹霜雪欺。 |
| 樵子見之猶不採、 | 聖朝何以苦招之。 |

---

* 1357년에 공민왕이 부르자, 스님이 간곡하게 거절하는 편지를 올리면서 그 끝에다 이 송(頌)을 붙였다.
1) 장자가 산 속을 가다가 가지와 잎이 무성한 큰 나무를 보았다. 나무꾼이 그 옆에 있으면서도 베지 않는 것을 보고 그 까닭을 물으니, 쓸모가 없기 때문이라고 했다. 그러자 장자가 말했다.
"이 나무는 쓸모가 없기 때문에 천수를 다하는 것이다." -《장자》〈산목(山木)〉

## 을사년 팔월 어느날 신광사 주지직을 사양하면서

1
병 깊고 나이 들어 몸에 기력이 없으니
대중의 규칙[1]을 하루도 따르기 어렵습니다
바라건대 거룩하신 자비로 가엾게 보시어
나이 젊은 주지로 바꿔 보내 주소서

病深年老身無力、　　　隨衆淸規一日難。
願聖慈悲可憐見、　　　遞差年壯住持人。

2
산승은 옹졸하고 고지식해 세상 위하기 어려우니
천 산 만 봉 깊은 곳으로 다시 들어가렵니다
성은을 저버리는 뜻이 아니고
큰 법을 밝혀 임금 은혜를 갚으려는 생각입니다

山僧拙直難爲世、　　　更入千峰萬峰去。
不是聖恩辜負去、　　　願明大法報君恩。

---

∎
* 을사년(1365년) 8월에 신광사 주지를 사양하는 편지를 공민왕에게 올리면서, 그 편지 끝에다 이 게송을 붙였다.
1) 청규(淸規)는 청정한 규칙인데, 총림에서 쓰는 규칙이다.

3
바라건대 임금께서 무상각²⁾을 빨리 얻으소서.
부처와 하늘에게 간절히 비옵니다
축수하는 깊은 정성을 첫째 둘째 따진다면
그 누가 감히 노승 앞에 서리까

願君早證無上覺、　　懇渴圓誠禱佛天。
祝壽深誠論甲乙、　　何人敢在老僧前。

---

2) 더 이상 위가 없는 깨달음, 곧 부처의 깨달음을 가리킨다.

# 지공화상의 초상화를 예찬하다
己酉正月日寓孤山庵指空眞讚頌

1
오기는 어디서 오셨다가
가기는 어디로 가셨는가
본래 한 사람의 중생도 없었는데
어디서 다섯 잎의 꽃[1]이 났는가

來也來從何所。　　去也去至何所。
本無有一衆生。　　何處五葉花生。

2
전함도 없고 얻음도 없다고 말하지 말라.
이것이 바로 몸소 전하고 몸소 얻는 것일세
기유년 등불 앞에 봄 달이 밝아
고산암 늙은 중이 달[2]과 이야기하네

莫謂無傳無得。　　夫是親傳親得。
己酉火前春月。　　孤山老衲話月。

---

\* 원제목이 길다. 〈기유년(1369년) 정월 어느날 고산암에 머물면서 지공화상의 초상화를 예찬한 게송 2편〉이다.
1) 중국의 선종이 다섯 파로 나뉘어진 것을 가리킨다.
2) 달은 지공화상을 가리킨다.

# 산에 머물며
## 山居

1
꿈 속 같은 세월이 벌써 예순을 넘었네
고산암 촌마을이 내게 가장 어울리네
시장하면 밥 먹고 피곤하면 잠 자니
이사인지 장삼[1]인지 아무도 나를 모르네

夢幻年光過耳順、　　孤山村塢也相宜。
飢來喫食困來眠、　　李四張三都不知。

3
동구에 흐르는 물이 쪽빛에 물든 듯하고
문 밖에 푸른 산은 그릴래도 그려지지가 않네
산빛과 물소리에서 전체가 드러나니
그 가운데서 누구나 무생(無生)을 깨우치리

洞中流水如藍染、　　門外靑山畵不成。
山色水聲全體露、　　箇中誰是悟無生。

----

[1] 이씨네 넷째와 장씨네 셋째니 가장 흔하고 평범한 사람을 가리킨다. 송나라 때의 속어이다.

4
산은 푸르고 물은 파란데
새들이 지저귀고 꽃이 가득 피었네
이것이 모두 무현금[2]의 가락이니
눈동자 파란 호승[3]이 하염없이 바라보네

山靑靑水綠綠。　　　　鳥喃喃花簇簇。
盡是無絃琴上曲。　　　碧眼胡僧看不足。

5
노란 국화 푸른 대나무가 남의 물건 아니고
밝은 달과 맑은 바람도 경계가 아닐세
하나하나가 모두 우리집 재물이니
손 가는 대로 집어다 마음껏 쓰네

黃花翠竹非他物、　　　明月淸風不是塵。
頭頭盡是吾家物、　　　信手拈來用得親。

■
2) 도연명은 음률을 알지 못했으므로 줄이 없는 거문고를 마련해 놓고, 술이 적당히 취하면 문득 거문고를 어루만지며 자기의 뜻을 붙였다. - 소명태자 〈도정절전(陶靖節傳)〉
3) 인도에서 온 중을 말하는데, 지공(指空)을 가리키는 듯하다.

6
고산 아랫마을이 몸 기르기 좋아
쌀 흔하고 땔나무 많은 데다 이웃까지도 좋네
무심한 시골 늙은이가 욕심이 없어
남이 달란다고 불씨까지도 다 주네

孤山山下好養身。　　米賤柴多足四隣。
無心野老機關少、　　家火從他乞與人。

9
주장자 가로메고 산암자를 찾아들어
여러 해 행각[4]으로 참학[5]을 다 마쳤네
이 산승의 친절한 곳을[6] 알고 싶은가
앞에도 삼삼이고 뒤에도 삼삼일세[7]

橫擔櫛楝入山庵。　　行脚多年事罷參。
欲識山僧親切處、　　前三三與後三三。

■
4) 중이 여러 곳으로 걸어다니며 수행하는 것이다.
5) 참선을 배우는 것이다.
6) 깨달은 경지이다.
7) 공안(公案)의 하나이다.

10
소나무 창은 바람에 울리고 산에는 눈이 가득한데
밤 들자 푸른 등불이 적막함을 비추네
장삼옷으로 머리를 싸고 모든 일을 쉬니
이때가 바로 산승이 힘을 얻는 때일세

風吼松窓雪滿山、　　入夜青燈照寂寥。
衲衣蒙頭休萬事、　　此是山僧得力時。

12
향상 수단[8]이라고 어찌 말할 게 있으랴
피곤하면 한가롭게 눕고 목 마르면 차를 마시네
임제와 덕산은 더더욱 미혹하여
공연한 방편으로 방[9]과 할[10]을 썼네

向上機關何足道、　　困來閑臥渴卽茶。
臨濟德山特地迷、　　枉用功夫施棒喝。

■
8) '향상기관'은 스승이 선객을 깨달음으로 이끌기 위한 수단 방편이다.
9) 덕산은 몽둥이로 때렸는데, 봉(棒)을 불가 발음으로 '방'이라 한다.
10) 임제는 큰소리로 꾸짖었는데, 갈(喝)을 불가 발음으로 '할'이라 한다.

## 13
밝은 날이라 강산이 곱고
푸른 봄이라 화초가 꽃을 피웠네
무슨 말이 더 필요하랴
만물은 본래 원융히 이룬 것일세

白日江山麗、　　　　靑春花草榮。
何須重話會、　　　　萬物本圓成。

## 16
진실을 찾아봐도 형체가 없고
허망을 궁구해도 자취가 없네
진(眞)과 망(妄)이 끝내 다름없으니
평등하여 하나의 같은 몸일세

推眞眞無體、　　　　窮妄妄無蹤。
眞妄了無殊、　　　　平等同一體。

## 17
밝은 해도 밤은 비추지 못하고
밝은 거울도 뒷모습은 비추지 못하네
어찌 내 마음이 원융 명백하여
항상 고요하게 비칠 수 있으랴

| | |
|---|---|
| 白日不照夜、 | 明鏡不照後。 |
| 焉得如我心、 | 圓明常寂照。 |

18
석가가 이 세상에 나오지 않고
달마가 서쪽에서 오지 않았더라도[11]
부처의 법이 온 천하에 두루 퍼져서
봄바람에 꽃이 활짝 피리라

| | |
|---|---|
| 釋迦不出世、 | 達摩不西來。 |
| 佛法遍天下、 | 春風花滿開。 |

---

11) 달마는 보리달마(菩提達摩)를 줄인 이름인데, 번역하면 각법(覺法), 또는 도법(道法)이란 뜻이 된다. 천축 향지왕(香至王)의 셋째 왕자인데, 양나라 대통 원년(527년), 또는 보통 원년(520년)에 배를 타고 중국 광주에 도착하였다. 무제가 사신을 보내 맞아들였지만 말이 통하지 않아, 다시 강을 건너 위나라로 갔다. 숭산 소림사에 머물며 9년 동안 면벽(面壁) 참선하여, 동방 선종의 초조(初祖)가 되었다. 그뒤 혜가(慧可)에게 의발을 전수하고, 대동 원년(535년)에 입적했다고 한다.

## 백운이라는 호에 감사하다
### 謝道號白雲

원래는 우뚝 솟은 청산의 늙은이였건만
어디든 떠돌아다니는 백운을 보고 웃네
자취는 여기저기 표연히 다니지만
마음은 청산과 함께 언제나 고요하네

元來卓卓靑山父。　　下笑白雲隨處飄。
跡雖隨處飄然去、　　心與靑山常寂寥。

# 금강산에 들어간 나옹화상에게
寄懶翁和尙入金剛山

스님과 헤어진 지 또 한 해 되었는데
산 속에서 안선(安禪)한다니 그 소식 반가워라
삼가촌[1]의 이 촌놈은 너무나 게을러
배 고프면 밥 먹고 피곤하면 잠 자네

奉別尊顔又一年。　　　喜聞山裡其安禪。
三家村漢疎慵甚、　　　飢卽可湌困卽眠。

■
1) 두세 집이 사는 조그만 마을이다.

# 낙가산으로 사람을 보내면서
送人洛迦山

1
묘한 본체[1]는 있는 곳이 따로 없는데
관음이 어찌 바닷가 동쪽에 있으랴
어느 곳 푸른 산인들 도량이 아니랴
어찌 반드시 낙가산[2]에서만 참배하랴

妙體由來無處所、　　　觀音豈在海門東。
何處靑山不道場、　　　何須特禮洛迦山。

3
문[3]마다 모두 관세음보살이니
어찌 반드시 보타의 바위에서만 찾으랴
바른길로 가지 않고 굽어진 길로 간다면
고생만 실컷 하고 마음만 비뚤어지리

■
1) 부처나 보살의 법신을 가리킨다.
2) 낙가산은 보타낙가산(寶陀洛迦山)의 준말인데, 관음보살이 계신다는 산 이름이다. 낙산사가 있는 강원도 양양의 낙산도 여기서 따온 이름이다. 인도 봄베이 근처에 있는 섬 이름이라고도 하며, 남해안에 있다고도 한다. 보타암(寶陀巖)이라고도 한다.
3) 보문(普門) 시현(示現)을 뜻한다. 보살이 신통력으로 여러 가지 모습을 나타내 일체 중생을 바른길로 이끌며, 불도에 통하게 한다는 뜻이다. 여기서 문이란 막히지 않고 열려져 있음을 가리킨다.

門門盡是觀世音。　　何必寶陀巖上尋。
直路不行行曲路、　　喫盡艱辛枉用心。

5
나를 숨긴다고 생각하는가
내게는 아무런 숨김도 없네
서쪽에서 온 뜻을 알고 싶어 하는가
솔솔 부는 솔바람이 언제나 들려 주네

以我爲隱乎、　　　　吾無隱乎爾。
若人欲識西來意、　　颯颯松風長擧示。

## 죽은 사람을 슬퍼하다
悼亡人

거품처럼 일었다 꺼지니 어찌 그리도 빠르던가
법의 등불이 꺼지고 법의 들보도 쓰러졌네
머리 조아려 청하던 그때 일을 생각해 보니
울 수도 없고 웃을 수도 없네

泡生泡滅一何速、　　法燈已滅法梁傾。
因思扣請當年事、　　哭不成兮笑不成。

## 임종게
### 臨終偈

인생이 칠십을 산다는 것이
옛부터 드문 일이었지
칠십칠 년 전에 왔다가
칠십칠 년 뒤에 떠나네

人生七十歲、　　古來亦稀有。
七十七年來、　　七十七年去。

곳곳이 다 돌아갈 길이고
물건마다 바로 고향일세
어찌 반드시 배와 노를 장만해
특히 고향에 돌아가려고 하나

處處皆歸路、　　頭頭是故鄕。
何須理舟楫、　　特地欲歸鄕。

내 몸은 본래 없는 것이고
마음도 또한 머물 곳이 없네
재를 만들어 사방에 흩어 버리고
시주의 땅을 차지하지 말라

我身本不有、　　　心亦無所住。
作灰散四方、　　　勿占檀那地。

## 태고국사(太古國師) 보우(普愚)

태고국사 보우(1301-1382)는 홍연(洪延)의 아들로 태어나, 13세에 회암사 광지(廣智)선사에게 입도하여 중이 되고, 가지산의 법손이 되었다. 26세에 화엄선(華嚴選)에 합격한 뒤에 용문산 상원암, 성서(城西) 감로사(甘露寺)에서 고행 정진하였다. 37세부터 채홍철의 개인 별장인 송도 전단원에서 동결제(冬結制)에 들어가 '무(無)'자 화두로 참선하다가, 이듬해 정월에 크게 깨달았다. 삼각산 중흥사 동쪽에 태고암을 짓고 지내면서 호를 '태고'라고 했으며, 〈태고암가〉를 지었다. 46세에 중국에 가서 호주 하무산에 가서 석옥화상의 법을 잇고, 동국 임제종(臨濟宗)의 초조(初祖)가 되었다. 다음해 고려로 돌아와 용문산 소설암에서 도를 닦자, 공민왕이 사신을 보내어 법을 묻고 왕사(王師)를 삼았다. 광명사에 원융부(圓融府)를 두고 9산(九山)을 통합하여 1종(宗)을 만들게 하였다. 이처럼 종단을 개혁하려고 노력하였으므로, 그를 우리 나라 불교 조계종의 종조(宗祖)로 보기도 한다. 뒤에 신돈을 가승(假僧)이라고 상소했다가 신돈에게 모함받아 속리산에 금고되었으며, 신돈이 죽은 뒤에 국사가 되었다. 시호는 원증(圓證)이고, 탑호는 보월승공(寶月昇空)이며, 탑비가 삼각산 태고사 터에 있다.

## 태조전에서

太祖殿云、

그대는 삼한의 할아비이고
나는 모든 법의 임금[1]일세
옛날에 서로 만나 이 일을 논했는데
지금 다시 만나 가만히 수작하네

儞是三韓之祖、　　　我是萬法之王。
昔相逢論箇事、　　　如今再會暗商量。

---

∎
* 〈태고화상어록〉 권상 상당(上堂)에 실려 있는 시이다.
1) 모든 법이란 삼라만상과 모든 존재이니, 불법(佛法)을 가리킨다. 불법의 임금은 바로 부처이다.

# 태고암가
## 太古庵歌

내가 이 암자에 살지만 나도 잘 몰라
깊고도 좁지만 옹색하지는 않네
하늘과 땅이 꼭 맞아[1] 앞뒤가 없으니
동서남북 어디에도 머물지 않네
주루와 옥전도 상대가 안 되고
소실[2]의 풍규[3]도 본받지 않았지만
팔만사천 법문을 태워 부쉈으니
어느 곳 구름 밖에 산이 푸르랴
산 위의 흰 구름은 희고 또 흰 데다
산 속에 흐르는 샘도 자꾸만 떨어지네
그 누가 흰 구름의 모습을 볼 줄 알랴
개었다가 비가 왔다가 때로는 번개도 치네
그 누가 이 샘물소리를 알아들으랴
천만 구비 돌고 구르며 쉬지 않고 흐르네
생각이 일어나기 전에 이미 그르쳤으니
다시 입을 열면 곧 어지러워지리
봄비와 가을서리가 몇 해나 지났던가
무슨 할 일이 없어 오늘을 알았으랴

■
1) 함개(函蓋)는 상자와 덮개, 즉 서로 잘 맞는다는 뜻이다.
2) 중국 소실산에 있던 절인데, 달마대사가 참선했다.
3) 덕행으로 사람을 교화하는 일이다.

거친 밥과 좋은 밥을
사람따라 저마다 즐겨 먹네
운문의 호떡[4]과 조주의 차[5]라고 한들
이 암자의 맛없는 밥만 하랴
본래 이러한 것이 옛 가풍이니
누가 그대에게 기특하다고 말하랴
터럭 하나 위에 태고암이 세워져
넓다 해도 넓지 않고 좁다 해도 좁지 않네
겹겹의 세계들이 이 안에 들어 있고
뛰어난 그 기략이 하늘을 찌르건만
삼세의 여래도 도무지 알지 못하고
역대의 조사들도 헤아리지 못하네

■
4) 어떤 중이 운문에게 "어떤 것이 부처와 조사를 초월한 말입니까?" 하고 묻자, 운문이 "호병(胡餠)이다"고 하였다. 호병은 깨를 넣어 만든 둥근 떡이다.
5) 조주가 어떤 스님에게 "이곳에 와보았는가?" 하고 물었다. 그 스님이 "본 적이 없습니다"라고 하자, "차나 마시고 가라"고 하였다. 다른 스님이 "와본 적이 있습니다"라고 하자, 역시 "차나 마시고 가라"고 하였다. 원주가 "화상께서는 항상 스님에게 물어보고는, 와보았든 와보지 않았든 간에 '차나 마시고 가라'고 하시니, 그것이 무슨 뜻입니까?" 하고 물었다. 조주가 "원주" 하고 부르자, 원주가 "예" 하고 대답하였다. 그러자 조주가 "차나 마시고 가게"라고 하였다.

어리석고 말 더듬는 암자의 주인공이
거꾸로 시행해 법도가 없네
청주의 해진 베장삼을 입고
등나무 그늘 절벽에 기대 섰네
눈앞에 법도 없고 사람도 없어
아침 저녁 부질없이 푸른 산빛만 쳐다보네
멍하니 일도 없어 이 노래를 부르니
서쪽에서 온 가락이[6] 분명하구나
이 세상 그 누가 같이 부르랴
영산 소실[7]이 부질없이 손뼉을 치네
그 누가 태고의 줄 없는 거문고로
지금의 구멍 없는 피리에 응답하랴
그대는 보지 못하는가 태고암 안의 태고적 일을
오직 이것만이 지금까지도 밝고 분명하네
백천 가지 삼매가 그 가운데 있어
만물을 이롭게 하고 인연에 응하면서 언제나 고요하네
이 암자는 이 노승만 사는 곳이 아니니
수많은[8] 불조(佛祖)들이 풍격을 같이하네

■
6) 서쪽에서 온 음운은 달마가 인도에서 중국으로 온 그 뜻을 가리킨다.
7) 영산은 석가가 설법하신 영취산이고, 소실은 달마대사가 참선한 소실산이다.
8) 원문의 진사(塵沙)는 티끌과 모래이니, 많은 수를 가리킨다.

결정적으로 그대는 의심치 마소
지혜로 알기 어렵고 지식으로도 헤아릴 수 없어
빛을 돌이켜 비춰 보아도[9] 오히려 아득하고
곧바로 이해해도 자취가 막히네
어떤 것인가 물어 보았다간 되려 크게 어긋나니
변하지 않고 움직이지 않기가 완고한 돌 같네
모든 것을 내려놓고 허망한 생각 말게나
이는 곧 여래님의 크고 원만한 깨달음일세
오랜 겁의 그 어느 땐들 이 문을 나섰으랴만
지금 잠시 이 길에 쓸쓸히 떨어져 있네
이 암자 이름이 본래는 태고가 아니었지만
오늘 일로 말미암아 태고라 이름했네
하나가 일체이고 많음이 하나이니
하나에 집착하지 않아야 분명히 이해하네
모날 수도 있고 둥글 수도 있어야
흐름 따라 굴러도 모두가 유현하네
그대가 내게 산중 경계를 물으면
솔바람 시원하고 달이 시내에 찼다고 하겠네
도도 닦지 않고 참선도 하지 않고
침수향은 다 타고 향로에는 연기도 없네

■

[9] 언어문자에 의지하지 않고, 자기를 회고 반성하여 바로 심성을 조견(照見)하는 일이다.

되어 가는 그대로 이렇게[10] 지내면 되지
어찌 구차스레 그러한 까닭을 물으랴
뼈 속까지 맑고 뼈 속까지 가난하건만
살아갈 계책이 위음왕불[11] 이전에 있었네
한가하면 〈태고가〉나 크게 부르며
무쇠 소[12]를 거꾸로 타고 인간 세상 하늘에 노니네
아이들 눈에는 모두가 재주 놀음이라
끌고 가지는 못하고 부질없이 눈여겨보네
암자 안의 지저분한 꼴이 이와 같으니
어찌 다시 말해야만 하랴
삼각산에서 춤도 끝나 돌아간 뒤엔
푸른 산이 옛처럼 맑은 물을 바라보네

| | |
|---|---|
| 吾住此庵吾莫識。 | 深深密密無雍塞。 |
| 函蓋乾坤沒向背、 | 不住東西與南北。 |
| 珠樓玉殿未爲對、 | 少室風規亦不式。 |

■
10) 원문의 임마(恁麽)는 '이와 같이'라는 뜻인데, 여기서는 "천진 그대로에 맡긴다"는 뜻이다.
11) 공겁(空劫) 때에 처음 성불한 부처이다. 여기선 맨 처음이란 뜻으로 썼다.
12) 하나라 우왕이 황하의 홍수를 막기 위해서 무쇠로 소를 만들었는데, 그 머리는 하남(河南)에 있고, 꼬리는 하북에 있었다고 한다. 선가(禪家)에서는 이 말을 부동착(不動着), 또는 정식(情識)을 버렸다는 뜻으로 쓴다.

爍破八萬四千門、那邊雲外青山碧。
山上白雲白又白、山中流泉滴又滴。
誰人解看白雲容、晴雨有時如電擊。
誰人解聽此泉聲、千回萬轉流不息。
念未生時早是訛、更擬開口成狼藉。
經霜經雨幾春秋、有甚閑事知今日。
麤也浪細也浪、任儞人人取次喫。
雲門糊餅趙州茶、何似庵中無味食。
本來如此舊家風、誰敢與君論奇特。
一毫端上太古庵、寬非寬兮窄非窄。
重重刹土箇中藏、過量機路衡天直。
三世如來都不會、歷代祖師出不得
愚愚訥訥主人公、倒行逆施無軌則。
著卻青州破布衫、藤蘿影裡倚絕壁。
眼前無法示無人、旦暮空對青山色。
兀然無事歌此曲、西來音韻愈端的。
徧界有誰同唱和、靈山少室謾相拍。
誰將太古沒絃琴、應此合時無孔笛。
君不見太古庵中太古事、只這如今明歷歷。
百千三昧在其中、利物應緣常寂寂。
此庵非但老僧居、塵沙佛祖同風格。
決定的君莫疑、智亦難知識莫測。

回光返照尙茫茫、直下承當猶滯跡。
進問如何還大錯、如如不動如頑石。
放下着莫妄想、卽是如來大圓覺。
歷劫何曾出門戶、暫時落泊今時路。
此菴本非太古名、乃因今日云太古。
一中一切多中一、一不得中常了了。
能其方能其圓、隨流轉處悉幽玄。
君若問我山中境、松風蕭瑟月滿川。
道不修禪不叅、水沈燒盡爐無烟。
但伊騰騰恁麼過、何用區區求其然。
徹骨淸兮徹骨貧、活計自有威音前。
閑來浩唱太古歌、倒騎鐵牛遊人天。
兒童觸目盡伎倆、曳轉不得徒勞眼皮穿。
菴中醜拙只如許、可知何必更重宣。
舞罷三臺歸去後、靑山依舊對林泉。

# 구름과 산
雲山吟


산 위에는 흰 구름이 희고
산 속에는 흐르는 물이 흐르네
이곳에서 내가 살려 했더니
흰 구름이 나를 위해 한 곳을 열어 놓았네
흰 구름이 마음속의 일을 다 말하다가도
때로는 비를 뿌려 오래 있기가 어렵네
또는 맑은 바람을 타고
삼천세계 사대주[1]를 모두 돌아다니네
나도 그대를 따라 맑은 바람을 타고
강산 곳곳마다 함께 따라 노닐었지
그대 따라다니며 어떻게 놀았던가
갈매기와 함께 물결 위에서 놀았었지
돌아와 소나무 밑에 달과 함께 앉았노라니
솔바람 소리가 쓸쓸하게 들리네
이 마음을 그 누구와 이야기할까
항사[2] 불조들은 모두가 아득하네
흰 구름 속에 게을리 누웠더니
푸른 산이 나더러 "걱정 없다"고 웃네


■
1) 전세계를 가리킨다.
2) 항하(恒河), 즉 갠지스 강의 모래인데, 수없이 많다는 뜻이다.

나도 웃으며 대답했지
"산아 너는 내가 온 까닭을 모르겠지
나는 한평생 잠이 모자라
사랑하는 이 수석을 이불로 삼았네"
푸른 산이 나더러 웃으며 말했네
"왜 일찍 돌아와서 내 벗이 되지 않았는가
그대가 만약 푸른 산을 사랑한다면
등나무 그늘 밑에서 마음껏 쉬소"
나는 푸른 산의 말에 따라서
몸을 던져 청산루에 벌렁 누웠네
때로는 꿈도 꾸고 때로는 깨기도 하며
꿈꾸고 깨기에 얽매이지 않았네
꿈 속에서 오던 길을 찾아
장안 술집에서 나무소를 탔더니
나무소가 변하여 봄바람의 마음 되고는
꽃 피우고 버들눈 띄워 아름다운 구슬 같아졌네
복사꽃은 불처럼 붉고
버들솜은 담요처럼 흰데
그 가운데서도 오얏꽃이 더욱 희어
말없이 끌려들어 오묘한 말을 청했네
진귀한 새소리에 찰나의 꿈 깨었건만
잠맛이 아직도 달콤해 몸이 움직이질 않네

山上白雲白、
此間我欲住、
白雲話盡心中事、
又被淸風便、
我亦隨君馭淸風、
追遊爲何事、
卻來共坐松下月、
此心其誰話、
懶臥白雲裡、
我卽笑而答、
平生睡不足、
靑山爲我笑、
君若愛靑山、
我從靑山語、
有時夢有時覺、
夢裡却尋來時路、
木牛化作春風意、
桃花紅似火、
中有李花白又白、
珍禽啼破刹那夢、

山中流水流。
白雲爲我開山區、
有時行雨難久留。
行盡三千歷四洲。
江山處處相追遊。
堪與白鷗戲波頭。
松聲動啾啾。
恒沙佛祖盡悠悠。
靑山笑我大無憂。
汝山不識吾來由。
愛此水石爲衿裯。
何不早歸來吾儔。
藤蘿影裡大休休。
放身大臥靑山樓。
夢覺元無拘。
長安酒肆騎木牛。
綻花開柳如琳球。
柳絮白如毬。
無言引得幽言求。
睡味猶甘身不動。

# 참선명
參禪銘

해와 달이 마치 번갯불 같아
광음을 참으로 아껴야겠네
살고 죽음이 호흡에 달려 있으니
아침 저녁을 보장하기가 어렵네
다니거나 섰거나 앉았거나 누웠거나
한 치 세월도 헛되이 버리지 말라
용맹에 다시 용맹을 더하되
우리의 본사이신 석가처럼 하라
정진하고 또 정진하면서
마음을 늘 깨끗하고 고요하게 하라
부처와 조사들의 뜻을 깊이 믿고서
모든 것을 분명히 판단하라
마음이 바로 천진의 부처인데
왜 수고롭게 밖을 향해서 찾나
모든 일을 다 버리고 자세히 보면
길이 막혀서 철벽 같으리라
허망한 생각이 다 없어지고
없어진 그곳마저 지워 버리면
몸과 마음이 저 허공에 기댄 듯
고요하게 광명이 사무쳐 빛나리라
본래면목이 무엇이던가
들자마자 화살이 돌에 박힌 듯

의심 덩어리를 산산이 부숴 버리면
한 물건이 푸른 하늘을 모두 덮으리라
무지한 사람에겐 말하지 말고
기쁜 생각도 또한 내지 말아라
모름지기 종사를 찾아뵙고는
다 말해 보이고 다시 법익을 청하라
그런 뒤에야 조사의 법을 잇고
가풍이 편벽되지 않으리라
피곤이 오거든 다리 뻗고 자거라
배가 고파지면 입맛대로 먹으라
너는 무슨 종(宗)이냐고 누가 묻거든
몽둥이와 호통[1]을 비오듯 퍼붓거라

| | |
|---|---|
| 日月似電光、 | 光陰良可惜。 |
| 生死在呼吸、 | 難以保朝夕。 |
| 行住坐臥間、 | 寸景莫虛擲。 |
| 勇猛加勇猛、 | 如我本師釋。 |
| 精進復精進、 | 心地等惺寂。 |
| 深信佛祖意、 | 須要判端的。 |

■
[1] 스승이 학인을 깨우치기 위해서 쓰는 방법인데, 덕산이 몽둥이를 쓰고, 임제가 호통을 쳤다.

心卽天眞佛、　　何勞向外覓。
放下萬事看、　　路窮如鐵壁。
忘念都滅盡、　　盡處還抹卻。
身心如托空、　　寂然光達赫。
本來面目誰、　　纔舉箭沒石。
疑團百雜碎、　　一物蓋天碧。
莫與無智說、　　亦莫生悅懌。
須訪見宗師、　　呈機復請益。
然後名繼祖、　　家風不偏僻。
困來展脚眠、　　飢來信口喫。
人間是何宗、　　棒喝如雨滴。

## 단암
斷庵

청산에 길이 막혀 세상 인연 끊어지니
부처나 조사도 그 문 앞에 오지 않네
꽃을 문 새들도 오가지 않고
임금님 축수하는 향불만 타오르네

路隔靑山斷世緣。　　亦無佛祖到門前。
含花百鳥絶來往、　　但祝明君一炷烟。

# 은계
## 隱溪

영천 물에다 귀를 씻지도 않고[1]
수양산 고사리도 먹지 않았네[2]
세상 시비에 관계치 않고
날마다 맑은 물에다 밝은 달을 씻네

耳莫洗潁川水、　　口莫食首陽蕨。
世間是非都不管、　日與淸流掃明月。

---

1) 요임금이 허유(許由)에게 천하를 물려 주겠다고 하자, 허유가 더러운 말을 들었다면서 영수 물가에서 귀를 씻었다.
2) 주나라 무왕이 문왕의 신주를 싣고서 은나라 주(紂)를 치러 나가자, 고죽국의 백이 숙제가 말고삐를 잡고 말렸다. 그러나 무왕이 이를 뿌리치고 싸우러 나가서 은나라를 멸하고 천하의 임금이 되자, 백이와 숙제가 주나라 곡식을 먹지 않겠다면서 수양산으로 들어가 고사리를 캐먹다 굶어 죽었다.

# 구름과 산
雲山


흰 구름 구름 속에 푸른 산이 겹겹이고
푸른 산 산 속에 흰 구름이 많구나
날마다 구름과 산으로 벗삼아 지내니
몸이 편안하면 어디고 내 집일세

白雲雲裡靑山重、　　靑山山中白雲多。
日與雲山長作伴、　　安身無處不爲家。

## 석계
石溪

하나는 흐르는데 하나는 흐르지 않네[1]
침묵하는 것도 있고 침묵하지 않는 것도[2] 있네
목메인 소리로 어디에 돌아가나
넓은 하늘과 한빛일 것을 생각하네[3]

一流一不流、　　　有嘿有非嘿。
嗚咽乃歸何、　　　憶長天一色。

---

1) 흐르는 것은 시냇물[溪]이고, 흐르지 않는 것은 돌[石]이다.
2) 침묵하는 것은 돌[石]이고, 침묵하지 않는 것은 시냇물[溪]이다.
3) 스러지는 노을은 외로운 따오기와 나란히 날고
   가을물은 맑아서 저 넓은 하늘과 한빛일세.
   落霞與孤鶩齊飛、　秋水共長天一色。
   - 왕발〈등왕각서(滕王閣序)〉

# 석가가 산에 머무는 상

## 釋迦住山相

칭찬을 할래도 덕이 없고
비방을 할래도 허물이 없네
애정을 끊고 부모를 버렸으니 불효가 막심한데
굶주림과 추위 속에 육 년을 차갑게 앉았네. 쯧쯧

讚也你無德、　　　　毀也你無過。
割愛忘親不孝甚、　　六年冷坐飢寒餓。咄。

# 오도송
## 悟道頌

조주의 옛 늙은 부처가
앉아서 온 성인의 길을 끊었네[1]
취모검[2]으로 얼굴을 긁어내리고
온몸은 구멍 없는 피리일세
외로운 토끼가 자취를 끊더니
몸을 돌리자 사자가 나타나네
얽매인 문을 부수고 나자
맑은 바람이 태고에서 부네

趙州古佛老。　　坐斷千聖路。
吹毛覿面提、　　通身無孔竅。
狐兎絶潛蹤、　　翻身獅子露。
打破牢關後、　　淸風吹太古。

■
1) 보우가 조주(趙州)의 '무(無)'자 화두를 가지고 채홍철의 별장 전단원에서 동결제에 들어갔다가 크게 깨달아 이 시를 지었다. 이 시는 문인 유창(維昌)이 지은 〈행장〉에 실려 있다.
2) 취모검은 날카로운 칼 이름이다. 《벽암록(碧巖錄)》〈백칙평창(百則評唱)〉에, "칼날 위에다 털을 놓고 바람을 불어 보아서, 그 털이 저절로 잘라져야 바로 날카로운 칼이다. 이 칼을 취모검(吹毛劍)이라고 한다" 하였다.

## 조주의 얼굴

옛 시내의 차가운 샘물을
한 입 마셨다가 곧 토했더니
흐르는 그 물결 위에
조주의 얼굴이 그대로 드러났네

古澗寒泉水、　　一口飮卽吐。
却流波波上、　　趙州眉目露。

∎
* 채홍철이 "어디서 조주를 보았습니까?" 하고 묻자, 스님이 "물결의 앞이고 물의 뒤이다(波前水後)"라고 말한 뒤에, 이어서 이 게송을 읊었다. 제목이 없는 시인데, 역시 유창의 〈행장〉에 실려 있다.

## 임종게
### 臨終偈

사람 목숨이 물거품처럼 비어서
팔십여 년 세월이 봄날의 꿈 같네
이제 임종하면서 이 가죽부대를 벗어 던지니
한 바퀴 붉은 해가 서산에 지네

人生命若水泡空。　　八十餘年春夢中。
臨終如今放皮帒、　　一輪紅日下西峰。

* 역시 유창의 〈행장〉에 실려 있다.

## 나옹화상(懶翁和尙) 혜근(慧勤)

나옹화상(1320-1376)의 이름은 혜근이고, 나옹은 호인데, 선관령(膳官令) 아서구(牙瑞具)의 아들이다. 강월헌(江月軒)이라는 당호도 있다. 20세 때에 이웃 친구가 죽는 것을 보고 어른들에게 "죽으면 어디로 가느냐"고 물었지만, 아는 사람이 없었다. 그래서 공덕산 묘적암에 가서 요연(了然)에게 머리를 깎고 중이 되었다. 그뒤 양주 회암사에서 4년 동안 정진하여 도를 깨치고, 원나라 북경에 가서 지공(指空)을 만나 문답하였다. 2년 동안 공부한 뒤에 평산(平山) 처림(處林)에게서 법의(法衣)와 불자를 받고, 뒤에 북경으로 돌아와 지공에게서도 법의와 불자를 전해 받았다. 39세에 귀국하여 여러 곳에서 설법했으며, 공민왕이 청하여 내전에서 법요를 듣고, 신광사에 있게 하였다. 52세에 왕사가 되고, 보제존자(普濟尊者)의 호를 받았다. 57세에 우왕의 명을 받고 밀양 영원사로 가다가, 여주 신륵사에서 세상을 떠났다. 시호는 선각(禪覺)이다. 목은 이색이 비문을 지은 비석과 부도가 회암사에 있다.

## 오도송
悟道頌

산하와 대지가 모두 눈앞의 꽃이고
삼라만상도 역시 그런 것일세
자성이 원래 청정한 것임을 알았으니
무한 공간과 무한 시간이 법왕의 몸일세

山河大地眼前花、　　萬像森羅亦復然。
自性方知元淸淨、　　塵塵刹刹法王身。

---

* 문인 각굉(覺宏)이 지은 〈행장〉에 실려 있다.

# 눈 속에 핀 매화

해마다 이 나무가 눈 속에 피었으니
바쁜 벌 나비가 새로움을 몰랐네
오늘 아침에 매화꽃이 가지에 가득 피었으니
넓은 하늘과 넓은 땅에 똑같이 봄이 왔네

年年此樹雪裡開、　　　蜂蝶忙忙不知新。
今朝一箇花滿枝、　　　普天普地一般春。

* 역시 〈행장〉에 실려 있다.

## 휴휴암에서

쇠지팡이 가로메고 휴휴암에 왔다가
쉬고 쉴 곳을 얻어서 잘 쉬었소
이제 이 휴휴암을 버리고 떠나
사해 오호(五湖)에 마음껏 노닐겠소

鐵錫橫飛到休休。　　得休休處便休休。
如今捨却休休去、　　四海五湖任意游。

* 지공과 헤어져 평강 휴휴암에 가서 여름 결제를 마치고 떠나려 하자, 그곳의 장로가 더 있으라고 붙잡았다. 그러자 스님이 이 게송을 지어 주고 떠났다. 역시 〈행장〉에 실려 있는 시이다.

# 지공화상이 입적한 날
入寂之辰

나실 때 한바탕 맑은 바람이 일더니
돌아가실 때는 맑은 못에 달 그림자가 잠겼네
나고 죽고 가고 옴에 걸림이 하나도 없어
중생에게 보인 그 몸에 참마음이 있네
참마음이 있어 파묻히지 않으니
이때를 놓치면 또 어디서 찾으랴

生時一陣淸風起、　　滅去澄潭月影沈。
生滅去來無罣碍、　　示衆生體有眞心。
有眞心休埋沒、　　　此時蹉過更何尋。

∎
\* 〈나옹화상어록〉에 실려 있다.

# 산에 살며
山居

3
소나무 창에는 종일토록 세상 시끄러움이 없고
홈통에는 언제나 맑은 물이 흐르네
다리 부러진 세발솥에 맛있는 음식이 넉넉하니
명리와 영화를 어찌 구하랴

松窓盡日無塵鬧、　　　石槽常平野水淸。
折脚鐺中滋味足、　　　豈求名利豈求榮。

4
흰 구름 더미 속에 삼간 오두막이 있어
앉고 눕고 거닐기에 스스로 한가하네
찰랑거리는 시냇물이 반야[1]를 이야기하고
맑은 바람이 달빛과 어울려 온몸에 차가워라

白雲堆裡屋三間。　　　坐臥經行得自閑。
磵水冷冷談般若、　　　淸風和月遍身寒。

----
1) 분별 망상을 떠나 종횡무진한 지혜이다. 〈반야경〉의 뜻이기도 하다.

5
그윽한 바위에 고요히 앉아 헛된 이름을 끊고
돌병풍에 의지해 세상 인정도 버렸네
꽃과 잎만 뜰에 가득하고 사람은 오지 않는데
때때로 온갖 새들이 남쪽을 가리키는[2] 소리가 들리네

幽岩靜坐絶虛名。　　倚石屛風沒世情。
花葉滿庭人不到、　　時聞衆鳥指南聲。

---

2) 방향을 가리켜 올바른 길로 인도한다는 뜻이다. 이 시에선 새소리를 듣고 숲속의 길을 찾는다는 뜻이기도 하다.

# 모기
蚊子

제 기력이 원래 적은 줄도 모르고
너무 많이 피를 빨다가 날지 못하네
부디 남의 소중한 것을 탐내지 말라
언젠가 반드시 돌려줄 날이 있으리라

不知氣力元來少、　　喫血多多不自飛。
勸汝莫貪他重物、　　他年必有却還時。

# 환암
幻庵

몸은 허공의 꽃 같아 찾을 길이 없는 데다
여섯 창<sup>1)</sup>의 바람과 달도 청허(淸虛)를 둘러쌌네
없는 가운데 있는 듯하지만 오히려 실상이 아니니
영롱한 네 벽<sup>2)</sup>을 잠시 빌어 살 뿐이네

體若空花無處覓、　　六窓風月包淸虛。
無中似有還非實、　　四壁玲瓏暫借居。

---

∎
* 환암(幻庵)은 '허깨비의 암자'라는 뜻인데, 암자는 몸을 비유한 말이다. 몸을 실체가 없는 환(幻)이라고 보았기 때문이다. 이 게송은 환암스님에게 지어준 명호송(名號頌)이다.
1) 눈·귀·코·혀·몸·뜻의 여섯 감각기관[六根]을 여섯 창에다 비유하였다.
2) 사람의 몸을 구성하는 흙·물·불·바람을 암자의 네 벽에 비유하였다.

## 외로운 배
孤舟

온갖 기미를 길이 끊고 나 홀로 나와
순풍에 배를 내어 달 싣고 돌아오네
갈대꽃 깊은 연기 속에다 배를 대니
부처와 조사가 당당해도 찾을 곳을 모르리라

永絶群機獨出來、　　順風駕起月明歸。
蘆花深處和烟泊、　　佛祖堂堂覓不知。

# 큰 원
## 大圓

허공을 꽉 싸안고 그림자와 형체가 뛰어나
삼라만상을 머금었어도 몸은 늘 깨끗하네
눈앞의 참 경개를 누가 능히 헤아리랴
구름 걷힌 푸른 하늘에 가을달이 밝네

包塞虛空絶影形。　　能含萬像體常淸。
目前眞景誰能量、　　雲捲靑天秋月明。

* 큰 원은 크게 원만한 불성을 가리킨다.

# 철문
## 鐵門

온몸이 다 강철이니 누가 능히 움직이랴.
양쪽 사립문을 다 잠가 세상 풍속과 같지 않더니
송골매 눈을 가진 억센 사나이가
한 주먹으로 쳐서 열고는 곧바로 지나갔네

鐵體渾鋼誰動着、 兩扉鎖定不同風。
還他鶻眼堅剛漢、 一摑搥開驀得通。

# 빈 암자
虛庵

네 벽에 원래 아무것도 없으니
어디다 문을 낼지 알지 못하네
이 가운데 작은 집이 텅 비어 있어
밝은 달 맑은 바람이 흰 구름을 쓸고 있네

四面元來無一物、　　不知何處擬安門。
這間小屋空空寂、　　明月淸風掃白雲。

∎
* 빈 암자는 마음의 본체를 비유한 말인데, 허암(虛庵)스님에게 지어준 명호송(名號頌)이다.

## 스승을 뵈러 가는 환암장로를 보내며
送幻庵長老謁師翁

남은 의심을 풀려고 스승을 뵈러 가는데
검은 주장자 거꾸로 잡고 용같이 활발하네
끝까지 날아 올라가 분명히 안 뒤에는
대천[1]의 온 사계[2]에 맑은 바람 일으키리라

餘疑要決謁師翁。　　倒握烏藤活似龍。
徹底掀飜明白後、　　大千沙界起淸風。

■
1) 대천세계, 즉 삼천세계의 셋째이다.
2) 항하사(恒河沙), 즉 갠지스 강의 모래같이 무수한 세계이다.

## 부모를 뵈러 고향으로 돌아가는 휴선자를 보내며

### 送休禪子廻鄕省覲

붉은 살덩이는 어머니 피에서 생겨났으니
오로지 부모의 힘을 이어받은 것일세
그 가운데 이름 없는 물건[1]이 하나가 있어
음양에 속하지 않고 영원히 다니네

赤血團從娘血生。　　全承父母力縱橫。
其中一介無名者、　　不攝陰陽歷劫行。

---

1) 마음을 가리킨다.

## 인선자가 게송을 청하기에
仁禪者求偈

사물에 응할 때는 분명하나 찾아보면 공이니
시시각각 그 작용이 끝없네
여기서 모르는 사이에 두 눈이 열리면
호랑이 굴이나 악마 궁전에서도 살 길이 열리네

應物明明見則空。　　塵塵刹刹用無窮。
於斯不覺開雙眼、　　虎穴魔宮活路通。

## 뇌선자가 게송을 청하기에

雷禪子求偈

각성에는 미혹도 없고 깨침도 없어
그 자리를 떠나지 않고 활짝 열려 있네
여기서 새삼 현묘한 이치를 구하면
어느 겁에도 법의 천둥을 떨치지 못하리

| | |
|---|---|
| 覺性無迷亦無悟、 | 不離當處豁然開。 |
| 於斯更欲求玄妙、 | 劫劫無能振法雷。 |

## 혜선자가 게송을 청하기에
慧禪子求偈

애정을 베어 부모를 하직하고 특별히 집을 나왔으니
공부에 달라붙어 바로 의심을 없애라
목숨을 단번에 끊고 허공에 떨어지면
유월의 뜨거운 하늘에 흰 눈이 내리리라

割愛辭親特出來、　　工夫逼拶直無疑。
命根頓斷虛空落、　　六月炎天白雪飛。

## 보선자가 게송을 청하기에
普禪者求偈

본래 천연이지 지어진 것이 아니니
어찌 수고롭게 밖을 향해서 따로 이치를 구하랴
다만 한 생각이면 마음에 일이 없으니
목 마르면 차를 달이고 피곤하면 잠을 자라

本自天然非造作、　　何勞向外別求玄。
但能一念心無事、　　渴則煎茶困則眠。

# 해를 마치고 은혜에 감사하다
年終謝恩

### 1
인왕이 존귀한가 법왕이 존귀한가
인(人)·법(法)을 아울러 행하면 그것이 가장 높네
우리 임금께선 권(權)·실(實)[1]의 도를 아울러 행하니
든든하고 굳센 정체가 만년 봄일세

| 人王尊耶法王尊。 | 人法兼行是最尊。 |
| 我主兼行權實道、 | 堅剛正體萬年春。 |

### 2
임금의 덕이 높아 사해가 맑으니
산 속까지 아주 고요해 편안함을 즐기네
때때로 방석에 의지하며 별다른 일이 없으니
긴 날이 고즈넉해 태평성세를 감사드리네

| 上德巍巍四海淸。 | 山間極靜好安寧。 |
| 蒲團時依無餘事、 | 永日寥寥謝大平。 |

---

1) 임시 방편과 진실, 또는 대승과 소승처럼 대조적인 두 가지를 가리킨다.

## 염불하는 여러 사람에게
示諸念佛人

3
아미타불 생각할 때 사이를 떼지 않고
십이시 항상 자세히 보라
하루아침에 갑자기 친해져 생각하면
동쪽과 서쪽이 털끝만치도 간격이 없어지리

彌陀憶念不須間。　　二六時中子細看。
驀得一朝親憶着、　　東西不隔一毫端。

6
아미타 부처가 어디에 있는지
마음에 붙들어 두고 부디 잊지 말라
생각하고 생각하다가 생각하는 것마저 없어지면
여섯 문[1]에서 항상 자금빛[2] 광명을 내뿜으리라

阿彌陀佛在何方。　　着得心頭切莫忘。
念到念窮無念處、　　六門常放紫金光。

---

1) 눈·귀·코·혀·몸·뜻의 여섯 가지 감각기관이다.
2) 아미타불의 몸이 자금빛이다.

# 세상을 경계하다

警世

3
추위와 더위가 사람들을 재촉하며 세월이 흐르는데
얼마나 많이 기뻐하고 또 걱정들 하나
결국은 흰 뼈다귀 되어 푸른 풀에 쌓일 테니
황금 가지고도 검은 머리와 바꾸기 어려워라
죽은 뒤에는 부질없이 천고의 한을 품으면서도
살았을 때 그 누가 한때 쉴 생각을 하던가
저 성현도 모두들 범부가 된 것이니
어찌 그를 본받아 수행하지 않는가

寒署催人日月流。　　幾多歡喜幾多愁。
終成白骨堆靑草、　　難把黃金換黑頭。
死後空懷千古恨、　　生前誰肯一時休。
聖賢都是凡夫做、　　何不依他樣子修。

4
어제는 새봄이더니 오늘은 벌써 가을일세.
해마다 세월이 시냇물처럼 흘러가네
이름을 탐내고 이익을 사랑하던 자잘한 자들이
제 욕심도 채우지 못한 채 부질없이 백발 되었네

昨時新春今時秋。　　年年日月似溪流。
貪名愛利區區者、　　未滿心懷空白頭。

# 原詩題目 찾아보기

彌陀證性偈 … 18
舍利讚 … 21
返俗謠 … 22
送童子下山 … 24
雨中行次馬上口占 … 27
柒長寺禮慧炤國師影 … 28
偶書自省 … 29
偶作 … 30
講南山律鈔次偶成一絶 … 31
留題惣明院 … 32
留題三角山靈鷲寺 … 33
送道生僧統歸俗離寺 … 34
送門人樂眞大師歸奉先寺 … 35
見學徒大師道隣謝文類啓以頌賀之 … 36
寄玄居士 … 37
謝圓演大師訪山門 … 38
寄逸人山齋 … 39
偶吟一絶寄湛大師 … 40
海印寺退居有作 四首 … 41
讀海東教迹 … 43
宿伽倻山天城寺 … 44
赴闕次留題故寺 … 45
九月初二日、寶鏡圓眞國師門徒請上堂、師云。… 49
國師圓寂日上堂云 … 50
六月十二日上堂云。… 51
爲亡靈上堂云。… 52
正旦上堂云、… 53
上堂擧華亭船子、…良久云、… 54
東都留守諸員請於靈廟寺 … 55

至吾魚、上堂云、… 57
上堂云、… 58
安東通判衙、上堂云、… 59
大丘郡守於觀音寺盤松下請、上堂云、…聽取一頌、… 60
中使孫元裔請鎭兵、上堂、… 師乃云、… 61
上堂、師乃微笑云、… 62
到白雲庵、請示衆、…作偈奉呈、… 63
師翁呵呵大笑、因以扇子授之、我接得、便以頌對曰、… 64
因雨示衆 … 65
夜坐示衆 … 66
禪堂示衆 … 67
萬淵社慶讚起首日示衆 … 68
示希遠道人 … 69
示覺雲上人、…故古德云、… 70
次錦城慶司祿從一至十韻 … 77
更漏子 … 79
息心偈 … 81
福城道中 … 82
孤憤歌 … 83
代天地答 … 86
中秋翫月 … 87
妙高臺上作 … 88
四時有感回文 … 89
遊山 … 92
對影 … 93
小池 … 94
春晚遊燕谷寺贈堂頭老 … 95

隣月臺 … 96
晚晴 … 97
寓居轉物庵 五首 … 98
崔堉求法寫此送之 … 99
木蓮 … 100
雨後 … 101
臨水 … 102
竹尊者 … 103
大人銘 … 104
息影庵銘 … 106
幽居 … 109
遊山廻過三郞樓舟中作 … 110
閑中自慶 … 111
至元九年壬申三月初入定惠作偈示同梵 … 112
率衆採薇廻示同梵 … 113
閑中偶書 … 114
寄按廉金侍御詩 … 116
戲答分揀金侍郞咺 … 117
舍弟平陽新守文愷將抵州治先到山中是夕會有雨相與話盡十餘年睽觀之意不覺至天明因記蘇雪堂贈子由詩中所引韋蘇州何時風雨夜復此對床眠之句作一絕以贈之 … 118
閑中偶書 二首 … 119
三月二十四日抵宿天護山開泰寺 … 120
絶句 … 121
閑中偶書 … 122
嶺南艱苦狀二十四韻 … 124
重九日對花有感 … 128
憫農黑羊四月旦日雨中作 … 131
偶書一絶 … 134
庵主出山久不返作句寄之 … 135
謝紹師弟見訪 … 136
閑中雜詠 六首 … 137

山居 … 138
自叙 … 139
尹使君諶來訪山中挽留之不可一宿而歸送後作句寄之 … 140
惜春吟 … 142
聞平陽新守自侍郞始宣政化作詩寄似 … 144
答中書舍人金祿延 … 149
答同文院評事鄭興所寄入社詩 二首 … 151
答朗州太守金愲所寄 … 152
答知制誥林桂一 … 153
甲午三月日、在安國寺、上指空和尙 … 158
又作十二頌呈似 … 159
丁酉九月日答宣旨書 … 163
己酉正月日寓孤山庵指空眞讚頌 … 166
山居 … 167
謝道號白雲 … 173
寄懶翁和尙入金剛山 … 174
送人洛迦山 … 175
悼亡人 … 177
臨終偈 … 178
太祖殿云 … 183
太古庵歌 … 184
雲山吟 … 191
參禪銘 … 194
斷庵 … 197
隱溪 … 198
雲山 … 199
石溪 … 200
釋迦住山相 … 201
悟道頌 … 202
臨終偈 … 204
悟道頌 … 207
入寂之辰 … 210

229

山居 … 211
蚊子 … 213
幻庵 … 214
孤舟 … 215
大圓 … 216
鐵門 … 217
虛庵 … 218
送幻庵長老謁師翁 … 219
送休禪子廻鄉省覲 … 220
仁禪者求偈 … 221
雷禪子求偈 … 222
慧禪子求偈 … 223
普禪者求偈 … 224
年終謝恩 … 225
示諸念佛人 … 226
警世 … 227

옮긴이 **허경진**은 연세대학교 국어국문학과를 졸업하고, 같은 대학원에서 문학박사 학위를 받았다. 목원대학교 국어교육과 교수와 열상고전연구회 회장을 거쳐, 연세대학교 국문과 교수를 역임했다.
《한국의 한시》총서 외 주요저서로는《조선위항문학사》,《허균 평전》, 《허균 시 연구》,《대전지역 누정문학연구》,《성호학파의 좌장 소남 윤동규》, 《한국 고전문학에 나타난 기독교의 편린들》등이 있고,
옮긴 책으로는《연암 박지원 소설집》,《매천야록》,《서유견문》,《삼국유사》, 《택리지》,《허난설헌 시집》,《주해 천자문》,《정일당 강지덕 시집》, 《허난설헌전집》등 다수가 있다.

韓國의 漢詩 38
# 高麗時代 僧侶 漢詩選

초　　판　1쇄 발행일　1997년 11월 20일
개 정 판　1쇄 발행일　2025년 11월 21일

옮 긴 이　　허경진
만 든 이　　이정옥
만 든 곳　　평민사
　　　　　　서울시 은평구 수색로 340〈202호〉
　　　　　　전화 : 02) 375-8571
　　　　　　팩스 : 02) 375-8573
　　　　　　http://blog.naver.com/pyung1976
　　　　　　이메일　pyung1976@naver.com
등록번호　　25100-2015-000102호
ISBN　　　978-89-7115-893-7　04810
　　　　　　978-89-7115-476-2　(set)
정　　가　　15,000원

· 잘못 만들어진 책은 바꾸어 드립니다.
· 이 책은 신저작권법에 의해 보호받는 저작물입니다.
　저자의 서면동의가 없이는 그 내용을 전체 또는 부분적으로 어떤 수단·방법으로나
　복제 및 전산 장치에 입력, 유포할 수 없습니다.